194 690 644
338.5 GEN

Économie politique

AF861175

2. Microéconomie

A0024348
BU AIX-MARSEILLE
FERRY

Jacques Généreux
Maître de conférences des Universités,
professeur à l'Institut d'études politiques de Paris

8e édition

PILON

hachette
SUPÉRIEUR

LES FONDAMENTAUX

LA BIBLIOTHÈQUE DE L'ÉTUDIANT

Collection créée par Caroline Benoist-Lucy

Dans la même collection : Économie, Gestion

1 *Comprendre la formulation mathématique en économie* (D. Schlacther)
2 *Relations économiques internationales* (J.-L. Mucchielli)
3 *Économie politique / 1. Économie descriptive et comptabilité nationale* (J. Généreux)
5 *Économie politique / 3. Macroéconomie* (J. Généreux)
20 *Comprendre les mathématiques financières / Cours et exercices résolus* (D. Schlacther)
31 *Économie de l'entreprise* (X. Richet)
61 *Économie générale* (E. Bosserelle)
115 *Les politiques sociales en France* (P. Valtriani)
125 *Problèmes économiques contemporains / Les pays industriels* (F. Teulon)
136 *Comptabilité générale* (R. Guillouzo, L. Jaffré, P. Juguet)
150 *Comptabilité de gestion* (A. Amintas, R. Guillouzo)
151 *Comptabilité des sociétés* (F. Parrat)
154 *Microéconomie. Cours et exercices résolus* (A. Luzi)
159 *Diagnostic financier* (M. Haranger-Gauthier, M. Helou)
162 *Commerce mondial et développement durable* (C. Schnakenbourg et A. Suarez)
163 *Principes d'analyse financière* (H. Ravily et V. Serret)
165 *De l'analyse à la prévision / 1. Comprendre la Statistique descriptive statique* (D. Schlacther)
166 *De l'analyse à la prévision / 2. Comprendre la Statistique descriptive temporelle* (D. Schlacther)
167 *De l'analyse à la prévision / 3. Comprendre la Statistique inductive, ajustements, lois* (D. Schlacther)
170 *Commerce international et environnement* (A. Suarez)
175 *Business model – Configuration et renouvellement* (S. Grandval et S. Ronteau)

Réalisation de la couverture : Stéphanie Benoît
Visuel de couverture : ©Joyfull/Shutterstock
Mise en page : IDT
Édition : N. Dauchart

© HACHETTE LIVRE 2016, 58, rue Jean Bleuzen, CS70007, 92178 Vanves cedex.
www.hachette-education.com

ISBN : 978-2-01-400491-5

Tous droits de traduction, de reproduction et d'adaptation réservés pour tous pays.

Le Code de la propriété intellectuelle n'autorisant, aux termes des articles L. 122-4 et L. 122-5, d'une part, que les « copies ou reproductions strictement réservées à l'usage privé du copiste et non destinées à une utilisation collective », et, d'autre part, que « les analyses et les courtes citations » dans un but d'exemple et d'illustration, « toute représentation ou reproduction intégrale ou partielle, faite sans le consentement de l'auteur ou de ses ayants droit ou ayants cause, est illicite ». Cette représentation ou reproduction, par quelque procédé que ce soit, sans autorisation de l'éditeur ou du Centre français de l'exploitation du droit de copie (20, rue des Grands-Augustins, 75006 Paris), constituerait donc une contrefaçon sanctionnée par les articles 425 et suivants du Code pénal.

Table des matières

© Hachette Livre – La photocopie non autorisée est un délit.

© Hachette Livre – La photocopie non autorisée est un célit.

Introduction au raisonnement microéconomique

➜ Approche « micro- » et « macro- » économique

La différence entre l'approche microéconomique et l'approche macroéconomique est une différence de points de vue et de centres d'intérêt.

- L'analyse ***microéconomique*** s'attache principalement à expliquer les comportements individuels et leur interaction. Son niveau d'observation privilégié est celui de l'entreprise et du marché d'un bien ou d'un service particulier. L'analyse microéconomique moderne a amorcé son véritable développement à la fin du XIXe siècle avec les ***économistes néoclassiques***.
- L'analyse ***macroéconomique*** s'intéresse principalement à l'interaction entre des variables économiques agrégées au niveau de l'économie nationale (produit intérieur, chômage, indices de prix, monnaie, consommation des ménages, etc.). Pour l'essentiel, tous les grands problèmes économiques sont macroéconomiques (croissance, chômage, inflation, répartition, développement, etc.). Le développement de la théorie macroéconomique moderne est largement issu des travaux de John Maynard Keynes dans les années 1920 et les années 1930 et des débats qu'ils ont suscités.

➜ La théorie des choix rationnels et l'équilibre individuel (chapitres 1 à 4)

La microéconomie néoclassique part d'une question fondamentale : comment les individus décident-ils d'employer les ressources rares dont ils disposent pour satisfaire leurs besoins ou atteindre leurs objectifs ? Le traitement de cette question repose sur un postulat anthropologique : l'action humaine est rationnelle.

L'hypothèse de rationalité forte implique que les individus cherchent et atteignent le maximum de satisfaction : ils exploitent au mieux toute opportunité d'améliorer leur situation.

Cette hypothèse suppose que les agents disposent d'une information complète et d'une parfaite capacité de calcul et de traitement des informations. Or, en réalité, l'individu rationnel doit décider en imparfaite connaissance de cause, parce que les

© Hachette Livre – La photocopie non autorisée est un délit.

données pertinentes sont indisponibles ou parce que leur coût d'accès et de traitement paraît trop élevé ; dès lors, il est souvent incapable d'identifier le meilleur choix possible.

C'est pourquoi, certains économistes rejettent l'hypothèse de rationalité forte et adoptent l'idée de ***rationalité limitée*** introduite par Herbert Simon en 1943, dans sa thèse de doctorat (publiée en 1947, *Administrative Behavior*, Mc Millan).

Selon l'hypothèse de rationalité limitée (ou encore procédurale), les individus ne maximisent pas l'utilité, mais cherchent une solution satisfaisante dans l'état actuel de leur connaissance.

Le terme de rationalité limitée est ambigu : il laisse entendre que le comportement n'est pas vraiment rationnel. Or il l'est en ce qui concerne la procédure de choix : l'agent fait de son mieux compte tenu des moyens dont il dispose. Seul le résultat n'est pas aussi bon qu'il pourrait l'être. Aussi, dans ses derniers travaux, Simon préfère parler d'une ***rationalité procédurale*** (la bonne méthode de choix) tandis que la rationalité forte constituerait une ***rationalité substantielle*** (le meilleur résultat possible).

→ Une approche abstraite, individualiste et normative

À la suite des travaux de John von Neumann et Oskar Morgenstern (*Theory of Games and Economic Behavior*, 1947), les néoclassiques ajoutent une dose d'abstraction au postulat de rationalité. Désormais, les individus sont censés prendre des décisions optimales à travers le temps, en dépit de l'incertitude concernant l'avenir : ils maximisent l'espérance mathématique de leur utilité. Or, nous verrons que la psychologie expérimentale a multiplié les preuves d'une prévalence fréquente des choix violant ce postulat de rationalité (*cf.* ch. 2. V.). Par ailleurs, la microéconomie néoclassique repose sur un principe individualiste également démenti par la réalité.

L'individualisme méthodologique postule que tout phénomène observé dans une société humaine doit et peut être entièrement expliqué par les décisions indépendantes des individus.

En fait, les sciences de l'homme (neurobiologie, psychologie, sociologie, etc.) indiquent que les préférences, les raisonnements et les choix des individus ne sont pas indépendants de leur histoire relationnelle et de leur milieu social. Les individus sociaux sont pris dans un jeu complexe d'interactions subjectives (empathie, envie, mimétisme, désir de reconnaissance, normes morales, conventions sociales, etc.). Il s'ensuit que :

- les préférences des individus ne sont pas indépendantes mais interdépendantes ;
- les comportements économiques sont variables dans le temps et dans l'espace ;
- le comportement hypothétique d'un individu isolé n'explique ni le comportement réel des individus sociaux, ni les phénomènes résultants de leur interaction.

Par conséquent, la microéconomie néoclassique n'est pas une théorie positive (expliquant les choix et les interactions des acteurs économiques tels qu'ils sont dans le monde réel). Elle constitue plutôt une théorie normative qui propose une solution idéale à des problèmes techniques d'adaptation des moyens à un objectif donné ; elle décrit comment se comporterait un calculateur rationnel, capable de traiter toutes les données du problème et strictement intéressé par l'optimisation du résultat pour lui-même. Ce comportement théorique de référence se ramène donc à un programme mathématique de maximisation d'un objectif sous contrainte. La solution au problème de maximisation donne ce que l'on appelle l'***équilibre individuel*** (équilibre du consommateur, équilibre du producteur...).

L'équilibre est une situation telle qu'aucune force n'est plus en œuvre pour modifier la situation dans un sens ou dans l'autre.

→ La coordination et l'équilibre des marchés (chapitres 5 à 7)

Une fois déterminé l'équilibre individuel des différents agents concernés par un problème (production, échange, travail, etc.), on s'interroge sur la façon dont l'ensemble des décisions individuelles et indépendantes sont compatibles entre elles. Quel est le mécanisme de coordination qui fait que des millions de consommateurs et des centaines de producteurs qui ne se consultent pas systématiquement vont finalement prendre des décisions cohérentes ? Ce problème est celui de l'***équilibre des marchés***.

Un marché est un lieu réel (exemple : la Bourse) ou fictif (exemple : le marché de l'automobile) où sont confrontées toutes les offres et toutes les demandes d'un bien ou d'un service.

Le marché est en équilibre quand l'offre est égale à la demande et qu'il n'existe plus de forces agissant dans un sens ou un autre pour modifier l'offre ou la demande. Précisons ici la ***différence entre la vision comptable de l'équilibre et la vision économique***. D'un point de vue comptable, un marché est toujours équilibré, en ce sens que la valeur des ventes est nécessairement égale à celle des achats. D'un point de vue économique, il n'y a équilibre que si les opérations effectivement réalisées sur le marché correspondent aux plans des agents économiques, c'est-à-dire à ce qu'ils souhaitaient faire avant que les échanges n'aient lieu.

© Hachette Livre – La photocopie non autorisée est un délit.

Université d'Aix-Marseille

➜ La recherche de l'optimum (chapitre 8)

Une fois établis les résultats de l'analyse positive (qui décrit ce qui est), l'économiste se pose une question à la frontière de l'analyse positive et de l'analyse normative (qui dit ce qui doit être) : les solutions vers lesquelles tendent les individus et les marchés sont-elles ***les plus efficaces*** ? Pour ce faire, les économistes ont un critère de définition de l'efficience économique : l'optimum de Vilfredo Pareto.

Une situation est optimale au sens de Pareto si l'on ne peut plus améliorer la satisfaction d'un individu sans réduire celle d'au moins un autre individu.

Figure 1

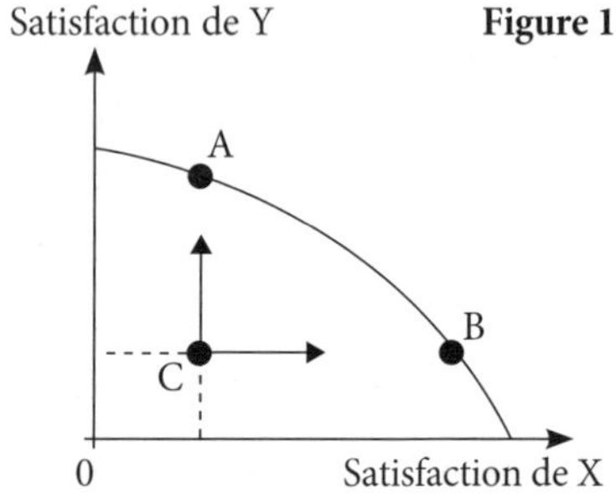

On peut illustrer ce critère graphiquement à partir de la courbe de ***frontière des possibilités de satisfaction*** représentée sur la figure 1. Soient deux individus, X et Y ; la courbe représente le bien-être maximum que l'économie peut produire pour l'un, le bien-être de l'autre étant donné. Chaque point sur la courbe, comme A ou B, est un optimum au sens de Pareto : on ne peut plus améliorer le bien-être de l'un sans diminuer celui de l'autre.
Le point C n'est pas un optimum, il ne tire pas le meilleur parti des possibilités de production : on peut développer le bien-être de l'un des deux individus sans modifier celui de l'autre (en suivant les flèches) ; on peut aussi améliorer le bien-être des deux individus. On le voit, le critère de Pareto s'appuie implicitement sur la notion d'unanimité : est sous-optimale toute situation telle que tout le monde serait d'accord pour la modifier ou, du moins, pour ne pas s'opposer à sa modification. Il s'agit d'un critère d'évaluation d'une situation donnée, mais nullement d'un critère de choix de la situation optimale. En effet, on remarque qu'une fois atteinte la frontière des possibilités de satisfaction, il peut exister une infinité de points optimaux au sens de Pareto. Quand on ne peut plus faire le bonheur des uns qu'en faisant le malheur des autres, l'économiste ne peut se prononcer objectivement sur le bien-fondé des choix effectués. On entre alors dans le champ des décisions politiques.

1 chapitre

Théorie du consommateur

Ce chapitre répond à la question suivante : comment un individu décide-t-il de ***répartir son budget*** entre les différents biens et services disponibles ? La détermination des conditions d'équilibre du consommateur nous permettra de déduire, au chapitre suivant, les lois d'évolution de la demande d'un bien.

Influencés par la philosophie utilitariste, les économistes néoclassiques de la fin du XIXe siècle (essentiellement l'Anglais Jevons, l'Autrichien Menger et le Français Walras) ont développé une théorie dans laquelle l'individu rationnel est supposé rechercher le ***maximum de satisfaction*** ou « d'utilité ». On suppose d'abord que l'individu est capable de mesurer par un ***indice quantitatif précis*** l'utilité qu'il retire de la consommation d'un bien. Cette approche « cardinale » de l'utilité débouche sur un principe qui reste fondamental pour l'analyse micro-économique : les choix individuels résultent toujours d'une ***égalisation à la marge*** des coûts et avantages liés aux différentes possibilités qui leur sont offertes.

Au début du XXe siècle cependant, on abandonne l'approche « cardinale ». La théorie des courbes d'indifférence (développée par Francis Edgeworth et Vilfredo Pareto) adopte une approche « ordinale » dans laquelle l'individu ne mesure plus le ***niveau*** d'utilité mais est seulement capable d'indiquer un ***ordre*** de préférence. Elle constitue un progrès scientifique notable à deux titres : d'une part, il s'agit d'une hypothèse plus simple qui explique autant de phénomènes que la précédente ; d'autre part, l'explication des décisions individuelles accorde désormais moins d'importance aux préférences des agents, impossibles à mesurer objectivement, qu'à leurs ***contraintes*** observables et quantifiables (la ***contrainte budgétaire*** en particulier).

I. Théorie de l'utilité marginale

A– Définitions : utilité totale et utilité marginale

1. L'utilité totale (U)

L'utilité totale, U, d'un bien X quelconque, mesure la satisfaction globale que l'individu retire de la consommation de ce bien. Le niveau de U dépend de la quantité du bien X.

Autrement dit, U « est fonction de » X, ce qui s'écrit : U = U (X).

Dans quel sens et à quel rythme l'utilité évolue-t-elle quand X augmente ? Ce sens et ce rythme de variation sont mesurés par l'utilité marginale.

2. L'utilité marginale (Um) d'un bien partiellement divisible

L'utilité marginale, Um, mesure l'évolution de l'utilité totale « à la marge », c'est-à-dire pour une variation très petite de la quantité consommée.

Un bien est imparfaitement divisible s'il existe une unité de mesure en deçà de laquelle il est impossible de descendre (un individu ne peut utiliser ni une demi-voiture ni 0,25 paire de lunettes : la quantité de ces biens est partiellement divisible).

L'utilité marginale d'un bien X imparfaitement divisible est la variation de l'utilité totale induite par une unité supplémentaire de ce bien.

Soit : $UmX = \Delta U/\Delta X$ (où le symbole Δ signifie « variation »).

Dans bien des cas, cette mesure n'est qu'une approximation de Um. En effet, si le bien X est parfaitement divisible, alors, quelle que soit l'unité de mesure retenue, on peut toujours imaginer une quantité plus petite. Ainsi, si l'on mesure la consommation en grammes, 1 gramme ne représente pas vraiment la consommation « marginale », car on peut imaginer une consommation de 0,5 gramme. Mais si le demi-gramme est retenu comme étalon, on peut toujours imaginer une consommation de 0,25 gramme, et ainsi de suite. Dans ce cas, une définition rigoureuse de l'utilité marginale doit prendre en compte l'évolution de l'utilité totale qui résulte d'une ***variation infiniment petite de X***.

3. L'utilité marginale d'un bien parfaitement divisible

L'utilité marginale d'un bien X parfaitement divisible est la variation de l'utilité totale pour une variation infiniment petite (« infinitésimale ») de la quantité consommée.

Seul le concept mathématique de « dérivée » permet d'appréhender cette définition. En effet, la dérivée d'une variable quelconque y, qui est fonction d'une autre variable x, mesure comment varie y pour une variation de x qui tend vers zéro. Si $y = y(x)$ [c'est-à-dire : si « y est fonction de x »], on écrit la dérivée de y par rapport à x de deux manières : $y'(x)$ ou bien dy/dx. Ainsi, d'un point de vue mathématique, l'utilité marginale est la dérivée de la fonction d'utilité totale par rapport à X.
Soit : $Um = U'(X)$, ou bien : $Um = dU/dX$.

B– Évolution de l'utilité totale et de l'utilité marginale

1. Le principe d'intensité décroissante des besoins

Comment évolue le niveau de satisfaction de l'individu quand il consomme une quantité croissante d'un bien ?

Il est raisonnable de penser qu'il dépend de l'intensité du besoin que le consommateur cherche à satisfaire : le plaisir est proportionnel au manque éprouvé avant la consommation. L'analyse microéconomique retient alors une hypothèse simple : l'intensité d'un besoin est décroissante au fur et à mesure que la quantité consommée augmente. Si un individu a soif, il a moins soif à partir du deuxième verre, encore moins soif à partir du troisième, etc.

2. Le principe de l'utilité marginale décroissante

Si l'intensité du besoin décroît avec la quantité consommée, la satisfaction éprouvée pour chaque unité supplémentaire est moins importante que pour la précédente. Le troisième verre d'eau procure moins de plaisir que le deuxième, et encore moins que le premier. Attention ! Cela ne signifie pas que la satisfaction globale diminue. Si l'individu continue à boire, c'est qu'il éprouve encore du plaisir à le faire. L'***utilité totale*** continue donc à augmenter, mais de moins en moins vite. Autrement dit, l'***utilité marginale*** diminue.

© Hachette Livre – La photocopie non autorisée est un délit.

Figure 2

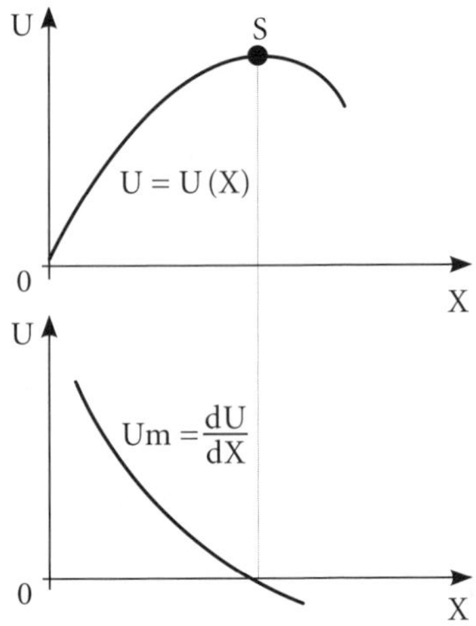

U peut donc être représentée par une courbe croissante, et Um par une courbe décroissante. U atteint son maximum au point de ***satiété*** ou de saturation du consommateur (point S sur la figure 2). En ce point, Um est nulle : une unité supplémentaire de consommation ***n'augmente plus la satisfaction***. Si la consommation de X est poussée au-delà, l'utilité marginale devient négative et U diminue à son tour. Une consommation trop importante peut entraîner un désagrément pour l'individu (si les premiers verres sont agréables, tel n'est probablement pas le cas du cinquantième !).

Toutefois, un individu rationnel ne devrait pas poursuivre sa consommation au-delà du point de saturation du besoin. On fait donc l'hypothèse que l'utilité marginale est normalement décroissante, mais toujours positive.

C– Choix optimal du consommateur

1. Situation d'abondance

L'individu rationnel cherche à maximiser son utilité. Si les biens sont abondants, rien ne vient limiter ses possibilités de consommation. Il ne subit aucun coût, ne doit consentir aucun sacrifice pour se procurer une quantité quelconque d'un bien. Dans ce cas – hélas peu fréquent ! – le choix optimal consiste à consommer le bien X jusqu'au point où l'utilité totale est à son maximum, c'est-à-dire jusqu'à ce que l'utilité marginale soit nulle.

La condition d'équilibre du consommateur est donc : UmX = 0.

2. Situation de rareté, économie de troc

Si à présent les biens sont rares, l'individu doit choisir entre différentes possibilités de consommation. Dans une économie de troc où les biens s'échangent directement entre eux, consommer un bien X, c'est renoncer à un bien Y ou à un bien Z que l'on aurait pu obtenir en échange. Dans ce cas, l'individu ne pousse plus la consommation de X jusqu'au point de satiété. Il doit tenir compte du ***coût***

d'opportunité de cette consommation, c'est-à-dire des satisfactions qu'il aurait pu obtenir en renonçant à X. Supposons qu'il n'existe que deux biens substituables, X et Y. L'individu maximise sa satisfaction en choisissant une combinaison (X, Y) telle que l'utilité marginale des deux biens soit égale. En effet, si UmX > UmY, le consommateur augmente son utilité totale en substituant une unité de X à une unité de Y. Il continuera donc cette substitution tant que UmX > UmY. L'utilité marginale étant une fonction décroissante de la quantité consommée, UmX diminue tandis que UmY augmente et l'on atteint finalement un point d'égalité des utilités marginales. Au-delà de ce point, UmX < UmY et il serait alors rationnel de substituer Y à X.

La condition d'équilibre du consommateur est donc : UmX = UmY.

3. Situation de rareté, économie monétaire

Dans le cadre d'une économie monétaire, les biens ne s'échangent pas entre eux mais contre de la monnaie. Le problème du consommateur est donc de répartir un budget donné entre X et Y. Il ne s'agit plus de savoir si l'on doit consommer une unité supplémentaire de X ou de Y mais de savoir si l'on doit dépenser un franc supplémentaire en bien X ou en bien Y. Par analogie avec le raisonnement précédent, on comprend que l'optimum du consommateur est atteint quand l'utilité marginale d'un franc dépensé sur le bien X est égale à l'utilité marginale d'un franc dépensé sur le bien Y. Autrement dit, il faut toujours égaliser les utilités marginales, mais cette fois-ci en les pondérant par les prix des biens X et Y (soit Px et Py).

La condition d'équilibre du consommateur est donc : $\frac{\text{UmX}}{\text{Px}} = \frac{\text{UmY}}{\text{Py}}$

Notons qu'en divisant UmX par son prix, on mesure bien l'utilité marginale par unité monétaire (par euro dépensé sur le bien X).

D– Portée et limites de la théorie de l'utilité marginale

1. Le principe du calcul à la marge

Les théoriciens de l'utilité marginale ont eu pour principal mérite de découvrir un principe majeur de l'analyse microéconomique : toute décision individuelle résulte d'une comparaison et d'une égalisation à la marge des coûts et avantages qui y sont liés ; c'est en effet à cet instant que l'avantage maximum est atteint.

© Hachette Livre – La photocopie non autorisée est un délit.

2. L'articulation entre valeur d'usage et valeur d'échange

Hormis J. B. Say, les économistes « classiques » du XVIIIe et du XIXe siècles avaient du mal à réconcilier la valeur ***d'usage*** et la valeur ***marchande.*** La valeur d'usage, fondée sur l'utilité que représente un bien pour les usagers, semblait parfois contradictoire avec la valeur marchande, c'est-à-dire le prix déterminé par les marchés. Cette contradiction est illustrée par le paradoxe de l'eau et des diamants. L'eau, qui est indispensable à la vie des hommes, ne vaut rien ou presque sur les marchés. Les diamants, qui paraissent moins indispensables que l'eau, ont quant à eux une valeur marchande fort élevée.

Le paradoxe vient de ce que l'on fonde ainsi la valeur sur l'utilité totale du bien alors que les comportements sont guidés par l'utilité ***marginale.*** Ainsi, l'eau a sans doute une utilité totale très forte mais elle a une utilité marginale très faible parce qu'elle est abondante. Les individus ne sont donc pas disposés à consentir des sacrifices importants pour l'obtenir. En revanche, le diamant a certainement une utilité totale plus faible que celle de l'eau, mais il a une utilité marginale bien plus élevée parce qu'il est très rare. On est donc disposé à un sacrifice (un prix) plus élevé pour l'obtenir. Si l'on prend l'utilité marginale comme fondement de la valeur, le paradoxe disparaît.

3. Une théorie inutilement irréaliste

La limite essentielle de cette théorie tient à la définition ***cardinale*** de l'utilité. Les individus ne sont certainement pas capables de mesurer quantitativement l'utilité. Une approche ***ordinale*** de l'utilité paraît plus réaliste : les individus sont capables de comparer et de classer les choix offerts selon un ordre de préférence, mais sans attribuer à chacun un indice quantitatif précis. Certes, l'irréalisme de l'hypothèse ne suffit pas à la disqualifier comme outil de travail scientifique, mais si l'on peut développer une théorie aussi performante qui parte d'une hypothèse plus simple et plus plausible, cela constitue tout de même un progrès scientifique. C'est un progrès de cette nature qui va s'opérer avec la théorie des courbes d'indifférence, initiée par Francis Edgeworth (1845-1926) et développée au début du XXe siècle par l'Italien Vilfredo Pareto (1848-1923).

II. Théorie des courbes d'indifférence

A– Hypothèses sur les préférences

Pour qu'un individu soit en mesure de trier les choix possibles et de définir un ordre de préférence, il n'est pas nécessaire de supposer qu'il sait mesurer son utilité par un indice quantitatif. Il suffit que deux conditions plus simples et plus proches de la réalité soient réunies :

- entre deux choix A et B, il peut déterminer s'il préfère A (A > B) ou s'il préfère B (B > A), ou encore s'il est indifférent entre les deux (A = B) ;
- les choix sont transitifs, c'est-à-dire que A > B et B > C entraîne A > C.

Sous ces conditions, on peut construire une fonction de préférence qui classe par ordre de préférence toutes les combinaisons possibles des deux biens.

B– Définition et propriétés des courbes d'indifférence

Une courbe d'indifférence représente l'ensemble des combinaisons de deux biens qui procurent au consommateur un niveau d'utilité identique.

U est inchangée quand on se déplace le long d'une courbe d'indifférence. U augmente quand on passe d'une courbe à une autre plus élevée vers la droite. Sur la figure 3, nous désignons différentes combinaisons des biens X et Y par A, B, C, D, E (ainsi, A correspond à 3 Y et 1 X, etc.). Par définition des courbes d'indifférence, A = B, mais C > A et C > B.

Pour un même individu, il existe une infinité de courbes, chacune correspondant à un niveau de satisfaction différent. L'ensemble de ces courbes est appelé « carte d'indifférence ». Il existe autant de cartes d'indifférence que d'individus.

Figure 3

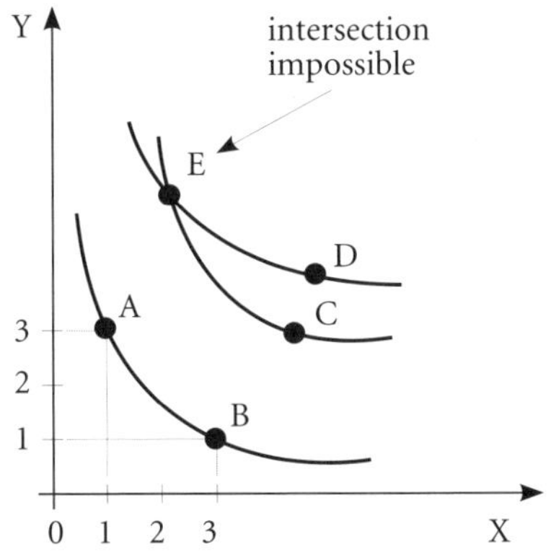

© Hachette Livre – La photocopie non autorisée est un délit.

L'intersection entre deux courbes d'indifférence est impossible. On le voit sur la figure 3 : si l'intersection était possible, C ou D devraient, par définition des courbes d'indifférence, procurer une même satisfaction que la combinaison E. Or, c'est impossible puisque D > C.

C– Rationalité et forme des courbes d'indifférence

La forme des courbes d'indifférence de la figure 3 n'est pas arbitraire. Elle reflète la rationalité du consommateur et l'intensité décroissante des besoins.

1. Pourquoi les courbes sont-elles décroissantes ?

Le long de la courbe, il existe une relation « inverse » ou « décroissante », ou encore « négative » entre Y et X : si X augmente, Y diminue, et inversement. Pourquoi ? Parce qu'un individu rationnel ne pousse jamais la consommation d'un bien jusqu'au point où l'utilité marginale devient négative, puisqu'alors son utilité totale diminue. Si l'utilité marginale est toujours positive, la diminution du bien Y réduit l'utilité totale de l'individu. L'utilité ne peut donc être maintenue constante qu'à la condition d'augmenter la consommation de l'autre bien. Si UmY était négative, une diminution de Y augmenterait la satisfaction de l'individu (en réduisant la nuisance provoquée par la consommation de Y), et il faudrait alors réduire aussi la consommation de X pour maintenir l'utilité inchangée. Y et X varieraient dans le même sens. La courbe serait croissante. La décroissance de la courbe vient donc de ce que UmX et UmY sont supposées positives, en raison de la rationalité des comportements.

2. Pourquoi les courbes sont-elles convexes ?

Ce qui précède explique seulement la relation inverse entre Y et X. Mais nous aurions également cette relation décroissante le long d'une droite. Pourtant nos courbes d'indifférence sont « convexes », c'est-à-dire, en termes simples, qu'elles ne sont pas droites mais courbées vers le bas : leur inclinaison diminue progressivement de gauche à droite.

On voit sur la figure 4 (page ci-contre) que, le long d'une droite, une diminution de Y d'un montant donné suppose, pour maintenir l'utilité inchangée, une augmentation de X qui reste constante quel que soit le niveau où l'on se situe sur cette droite. En revanche, le long d'une courbe convexe, une même diminution de Y ne peut être compensée que par une quantité croissante du bien X. Pourquoi en va-t-il ainsi ? Parce que l'utilité marginale est décroissante.

Figure 4

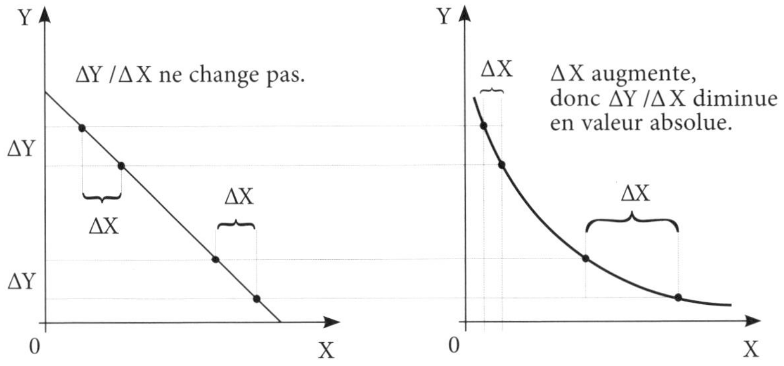

Quand on substitue du bien X au bien Y, Y est de plus en plus rare : donc son utilité marginale (UmY) augmente. On se sépare d'un bien dont l'utilité marginale est de plus en plus forte. En conséquence, l'utilité totale diminue de plus en plus vite et seule une quantité croissante de l'autre bien pourra maintenir la satisfaction inchangée, d'autant que, X étant de plus en plus abondant, son utilité marginale diminue.

La convexité des courbes d'indifférence indique aussi que l'analyse économique s'intéresse normalement à l'arbitrage entre deux biens imparfaitement substituables. En effet, si X et Y sont parfaitement substituables, cela signifie que l'individu, les considérant comme parfaitement identiques, est indifférent à la part relative de chaque bien dans son « panier ». Il n'a pas de goût particulier pour la variété de ses consommations. Dans ce cas, quel que soit le niveau de consommation, une unité de Y est toujours équivalente à une unité de X. La courbe d'indifférence est alors une droite.

D– Le taux marginal de substitution

On voit bien que la forme des courbes d'indifférence est déterminée par le rythme auquel le bien Y et le bien X sont échangés le long de ces courbes. Ce « rythme », ou taux d'échange, est appelé taux de substitution. Pour définir précisément ce taux de substitution, il faut tout d'abord expliciter la signification concrète des concepts mathématiques de « pente » et de « dérivée ».

© Hachette Livre – La photocopie non autorisée est un délit.

Université d'Aix-Marseille

1. Pente et dérivée

➜ La pente

Sur la figure 5, nous supposons une relation « linéaire » (représentée par une droite) entre le bien Y et le bien X. La droite D_1 a une très forte pente ou inclinaison, et la droite D_2 une très faible pente. Concrètement, cela implique que Y diminue très vite le long de D_1 et très lentement de long de D_2 lorsque X augmente. Mesurer la pente de ces droites revient donc à mesurer la « vitesse » à laquelle Y varie en réaction à une variation donnée de X. On mesure cette vitesse ou « pente » en faisant le rapport entre la variation de Y et celle de X, entre deux points quelconques.

Figure 5

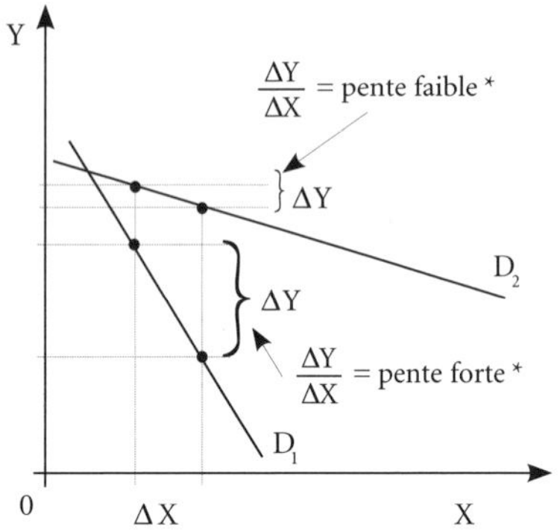

* en valeur absolue.

Pente = $\Delta Y / \Delta X$.

On voit sur la figure que ce rapport est, en valeur absolue, nettement plus élevé pour D_1 que pour D_2.

➜ De la pente à la dérivée

Une droite se distingue d'une courbe par la constance de sa pente. Le rapport $\Delta Y/\Delta X$ est identique en tous points d'une droite (donc quelle que soit l'ampleur de la variation de X retenue pour faire le calcul) : sur une même droite, qu'elle soit calculée entre deux points très éloignés ou deux points très rapprochés, la pente est identique.

Si nous prenons deux points tellement proches qu'à la limite on peut les considérer comme pratiquement confondus, nous calculons la « pente en un point ». Cette pente en un point n'est autre que la dérivée de Y par rapport à X (désignée par dY/dX). En effet, elle mesure la variation de Y pour une variation infiniment petite de X ($\Delta X \rightarrow 0$). Le long d'une droite, la pente en un point (la dérivée) est constante et identique à la pente entre deux points quelconques, ou encore : $\Delta Y/\Delta X = dY/dX$.

Ce résultat n'est plus vérifié le long d'une courbe. Par exemple, nous constatons sur la figure 4 (page précédente) que la valeur absolue de la pente diminue le long d'une courbe convexe (alors qu'elle augmenterait le long d'une courbe « concave »). La pente de la courbe varie en ***chaque point*** et, en ce cas, le calcul d'une pente entre deux points de la courbe n'a plus aucun sens. Le seul indicateur pertinent du rythme de variation de Y est la dérivée, que l'on peut considérer comme la « pente en un point » de la courbe (mathématiquement, on doit dire : « la pente de la droite tangente à la courbe en ce point »).

2. Le taux marginal de substitution (TMS)

Le taux marginal de substitution (TMS) entre deux biens Y et X mesure la variation de la quantité consommée du bien Y qui est nécessaire, le long d'une courbe d'indifférence, pour compenser une variation infiniment petite (infinitésimale) de la quantité consommée du bien X.

Le TMS varie en chaque point et est continûment décroissant le long de la courbe. D'un point de vue mathématique, ce taux est mesuré par la dérivée de Y par rapport à X, c'est-à-dire la pente en un point de la courbe d'indifférence. On a déjà expliqué pourquoi cette pente (et donc le TMS) était négative et décroissante en valeur absolue. Toutefois, les économistes n'ayant pas coutume de dire que le taux d'échange entre deux biens est « – 2 » ou « – 3 », mais « 2 » ou « 3 » (on s'exprime en valeurs absolues), par convention on définit le taux marginal de substitution avec un signe « – » placé devant, de sorte que le taux ainsi exprimé soit toujours positif :

$$\text{TMS (taux marginal de substitution)} = (-)\ dY/dX.$$

Nous mettons le signe « – » entre parenthèses pour insister sur sa nature conventionnelle et rappeler que si le taux ainsi calculé donne par convention un résultat positif, la relation qu'il décrit entre les deux biens reste bien négative. Un TMS = 3 signifie qu'au point de la courbe d'indifférence où est effectué le calcul, une ***augmentation*** « marginale » (tendant vers zéro) de X nécessite une ***diminution*** de 3 de la quantité consommée de Y, si l'on veut maintenir la satisfaction inchangée.

Le taux marginal peut être calculé en un point quelconque de la courbe d'indifférence, mais pas entre deux points. Entre deux points, on peut calculer un taux ***moyen*** de substitution. Sur la figure 3, on peut calculer ce taux moyen entre A et B, en calculant la pente du segment de droite AB :

$$\text{Taux moyen de substitution} = -\Delta Y/\Delta X = -(-2/2) = 1.$$

© Hachette Livre – La photocopie non autorisée est un délit.

Ce taux nous dit combien il faut sacrifier de Y par unité supplémentaire de X quand on passe de la combinaison A à la combinaison B. Il n'a rien à voir avec le TMS qui varie en tout point entre A et B et qui, par exemple, au point A, nous dirait combien il faut sacrifier de Y pour obtenir une augmentation à la marge (infiniment petite) de X.

TMS et taux moyen ne seraient identiques que si pente entre deux points et pente en un point l'étaient aussi, c'est-à-dire si les courbes d'indifférence étaient des droites.

III. Contrainte budgétaire et équilibre du consommateur

Les courbes d'indifférence formalisent les préférences subjectives des individus. Elles précisent comment ils sont disposés à substituer les différents biens entre eux, mais elles n'indiquent pas la combinaison optimale. Elles précisent aussi l'objectif du consommateur, qui est d'atteindre la courbe d'indifférence la plus élevée possible, mais on ne sait toujours pas quelle courbe sera précisément atteinte. Nous n'avons pour l'instant formalisé qu'une partie du problème : le ***souhaitable***. Pour obtenir une théorie complète de la décision du consommateur, il nous faut encore confronter ce souhaitable au ***possible***, c'est-à-dire intégrer les ***contraintes*** qui pèsent sur sa décision.

A– La contrainte budgétaire

1. Les contraintes

Le consommateur ne peut pas choisir n'importe quelle combinaison des biens X et Y. Il ne peut choisir que parmi l'ensemble des combinaisons qui sont possibles compte tenu de son revenu (R) et des prix (Px et Py).

Le revenu de l'individu dépend pour l'essentiel du prix de son travail (le salaire) qui est fixé sur le marché du travail. Les prix sont fixés par l'équilibre entre l'offre et la demande sur les marchés des deux biens. Ainsi, R, Px et Py sont des données indépendantes des décisions de consommation prises par l'individu ; on dit qu'elles sont ***exogènes***, elles s'imposent à lui comme des contraintes au moment du choix.
En pratique, la contrainte budgétaire signifie que la dépense doit être égale au revenu :

$$R = Px \, . \, X + Py \, . \, Y.$$

soit :
Revenu = dépense sur X + dépense sur Y ;
= (prix de X multiplié par la quantité) + (prix de Y multiplié par la quantité)
.

2. La droite budgétaire

On peut représenter graphiquement l'ensemble des combinaisons X-Y qu'un individu peut acheter avec un revenu donné par une droite. Pour tracer une droite, il suffit d'en connaître deux points. Choisissons deux points extrêmes :

- sur l'axe des Y, cherchons la quantité maximum de Y que l'individu peut obtenir s'il consomme zéro X ; elle est égale à son revenu divisé par le prix de Y, soit R/Py ;
- sur l'axe des X, cherchons la quantité maximum de X que l'individu peut obtenir s'il consomme zéro Y ; elle est égale à son revenu divisé par le prix de X, soit R/Px.

Joignons ces deux point extrêmes et nous obtenons une droite budgétaire qui indique une infinité de combinaisons possibles compte tenu du revenu et des prix :

Figure 6

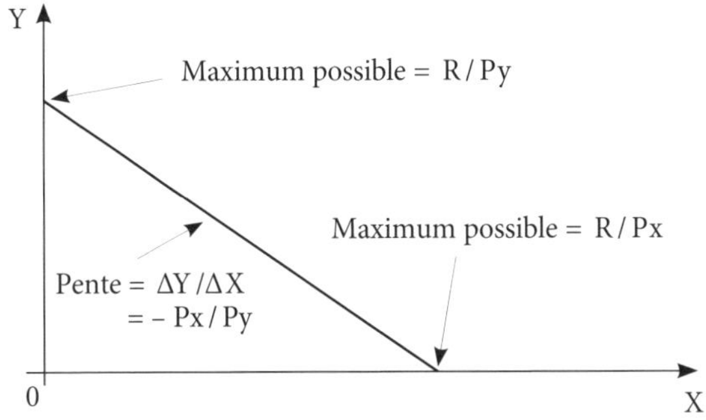

3. Équation de la droite budgétaire

Nous pouvons affirmer que la contrainte budgétaire se représente par une droite parce que l'équation de cette contrainte est celle d'une droite. En effet, l'équation R = Px . X + Py . Y peut être réécrite :

$$R = Px \cdot X + Py \cdot Y \Rightarrow R - Px \cdot X = Py \cdot Y,$$

© Hachette Livre – La photocopie non autorisée est un délit.

et, en divisant par Py des deux côtés il vient :

$$Y = (R/Py) - (Px/Py) . X.$$

L'équation de la contrainte budgétaire est donc de la forme y = ax + b, qui est toujours représentée par une droite dont la pente est a.

$$\text{Ici, } a = -(Px/Py).$$

Revenons sur la signification concrète de cette équation. Elle décrit comment évolue la consommation de Y en fonction de celle de X. Si X = 0, la consommation de Y est à son maximum = R /Py. Mais si X > 0, Y est égal à R /Py moins quelque chose. Le rythme auquel la consommation de Y diminue quand X augmente (la pente de la droite) dépend bien entendu du prix relatif des deux biens (Px/Py). Plus X est cher par rapport à Y et plus Y diminuera rapidement (plus la pente de la droite est forte, en valeur absolue). Au contraire, si X est bon marché relativement au prix de Y, Y diminuera très lentement (la pente est faible). À la limite, si X est gratuit (Px = 0), Y ne diminue pas du tout (la pente est nulle, la droite budgétaire est horizontale). Ainsi, – (Px/Py) mesure bien la pente de la droite budgétaire.

B– L'équilibre du consommateur

1. La combinaison optimale

Le consommateur cherche le maximum de satisfaction. Il souhaite donc atteindre la courbe d'indifférence la plus élevée possible. Mais il ne peut pas atteindre n'importe quelle courbe. Il est contraint de choisir une combinaison placée sur sa droite budgétaire. Il va donc retenir le point sur cette droite qui atteint la courbe la plus élevée.

En conséquence, la combinaison optimale est définie par le point où une courbe d'indifférence est tangente à la droite budgétaire (le point E sur la figure 7 ci-contre).

Figure 7

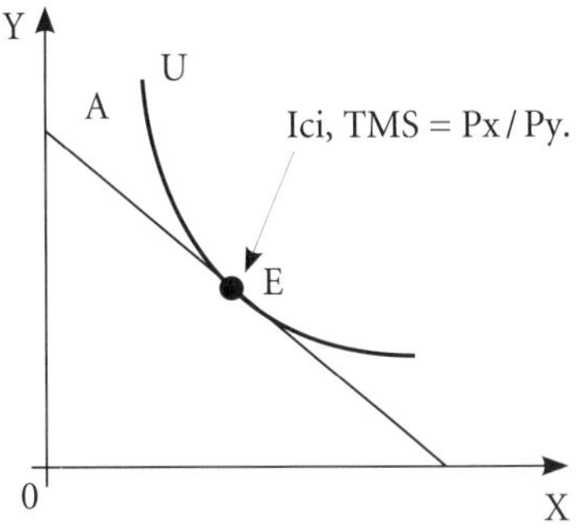

Notons qu'en ce point, la pente de la courbe d'indifférence (dY/dX) et celle de la droite budgétaire (– Px/Py) sont confondues.

On a donc :

$$dY/dX = -Px/Py.$$

Or, par définition :

$$TMS = -dY/dX, \text{ donc : } TMS = Px/Py.$$

On peut montrer que ce résultat est compatible avec celui de la théorie de l'utilité marginale. En effet, le TMS est égal au rapport des utilités marginales de X et de Y. En conséquence, au point d'équilibre du consommateur (E) on a aussi : TMS = UmX/UmY = Px/Py, ce qui, en multipliant les deux côtés par UmY puis en les divisant par Px, est équivalent à :

$$UmX/Px = UmY/Py.$$

On retrouve ainsi la loi d'égalisation des utilités marginales pondérées par les prix.

→ Remarque mathématique

La variation totale de l'utilité liée aux variations des quantités de X et Y peut s'écrire :

$$dU = UmX.dX + UmY.dY.$$

Comme, par définition, sur une courbe d'indifférence, dU = 0, on peut écrire :

$$0 = UmX \cdot dX + UmY \cdot dY \quad \Rightarrow UmX \cdot dX = -UmY \cdot dY$$
$$\Rightarrow UmX/UmY = -dY/dX.$$

© Hachette Livre – La photocopie non autorisée est un délit.

2. Effet des variations de prix et du revenu

- Les variations du revenu, à prix constants, déplacent la droite budgétaire sans affecter sa pente (voir figure 8) : la droite se déplace, parallèlement à elle-même, vers la droite si le revenu augmente, vers la gauche si le revenu diminue. Les prix étant constants, le prix relatif Px/Py, et donc la pente de la droite budgétaire, sont inchangés. La hausse de revenu augmente dans la même proportion la quantité maximale de Y et de X et déplace donc dans cette même proportion les deux points extrêmes à partir desquels nous avons tracé la droite budgétaire. Par conséquent, quand le revenu augmente, la droite budgétaire se déplace vers la droite, parallèlement à elle-même.

Figure 8

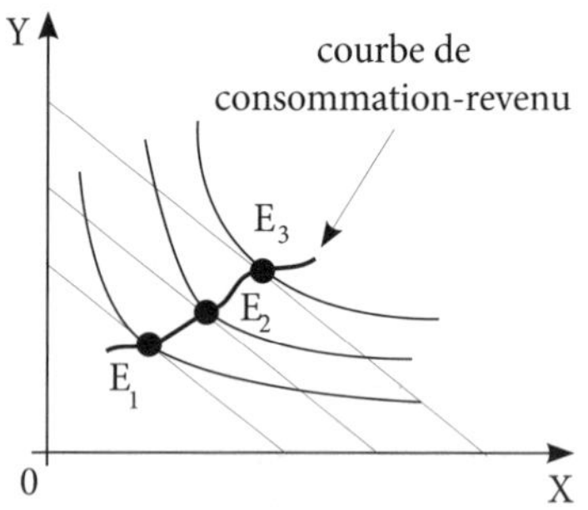

Figure 9

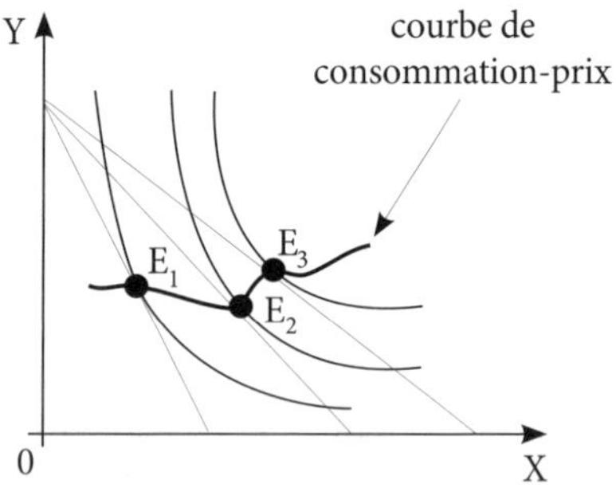

- Les variations de prix modifient la pente de la droite budgétaire. Par exemple, si le prix de X diminue - celui de Y restant inchangé - la consommation maximum du bien X augmente, et le point extrême de la droite budgétaire se déplace vers la droite, sur l'axe X. En revanche, le maximum possible pour Y ne varie pas et le point extrême de la droite budgétaire sur l'axe Y ne change pas. Par conséquent, quand le prix de X diminue, on obtient une série de droites budgétaires qui partent toutes du même point sur l'axe des Y et qui aboutissent, sur l'axe des X, à un point d'autant plus éloigné vers la droite que le prix de X est bas. Sur la figure 9, on passe du point d'équilibre E_1 au point E_2, puis E_3, etc.

La ***courbe de consommation-revenu*** et la ***courbe de consommation-prix*** représentent la fonction des points d'équilibre successifs (E_1, E_2, E_3, etc.). Elles illustrent l'évolution du « panier » du consommateur (combinaison des biens X et Y) lorsque le revenu ou les prix varient.

Ces résultats vont nous permettre, au chapitre suivant, de déterminer les lois d'évolution de la demande en fonction du prix et du revenu.

2 chapitre

Théorie de la demande

La théorie des courbes d'indifférence permet de déduire deux lois de comportement de la demande : la demande d'un bien « normal » est une ***fonction décroissante de son prix*** ; elle est une ***fonction croissante du revenu***. Elle permet aussi de construire la courbe d'offre de travail. En effet, cette offre reflétant un arbitrage entre le loisir et les biens que l'individu peut se procurer grâce au travail, elle ne constitue qu'un cas particulier de la théorie de la demande. Les « lois » évoquées ci-dessus donnent le sens de la relation établie entre la demande, d'une part, et le revenu et les prix, d'autre part, mais elles n'indiquent pas son ***intensité***. Pour mesurer cette dernière, on utilise le concept d'***élasticité*** : « élasticité-prix », « élasticité-revenu », « élasticité croisée ». Telles sont les bases de la théorie standard que nous allons expliciter, avant d'en présenter quelques critiques essentielles.

Cette théorie a d'abord été critiquée pour son incapacité à rendre compte de certaines caractéristiques contemporaines des sociétés de consommation. En effet, dans bien des cas, il semble que les seules ***variations des prix et du revenu*** ne suffisent pas à expliquer les comportements. On serait alors tenté de les expliquer par la ***transformation des goûts et des préférences*** des consommateurs. Mais cette démarche s'appuie sur des hypothèses psychologiques non réfutables et donc non scientifiques. Une solution à ce problème est apportée par la « nouvelle théorie du consommateur » de Gary Becker.

Nous conclurons ce chapitre par des critiques bien plus radicales, notamment issues des résultats de l'« économie comportementale ».

I. La demande et les prix

A– La fonction de demande

1. Construction de la courbe de demande individuelle

La courbe de demande individuelle montre comment évolue la consommation d'un bien par un individu lorsque le prix varie.

On peut construire cette courbe à partir d'une figure analogue à la figure 9 utilisée au chapitre précédent. Soit, par exemple, trois points d'équilibre E_1, E_2 et E_3 qui indiquent la quantité choisie quand le prix de X est successivement égal à 10, 4 et 2. Sur la figure 10, nous reportons sur l'axe horizontal les quantités optimales de X (2, 8, 10) et nous leur faisons correspondre, sur l'axe vertical, non plus les quantités de Y mais les prix de X (10, 4, 2).

Si nous joignons les trois nouveaux points ainsi obtenus, nous représentons de façon approximative la courbe de demande du bien X en fonction de son prix :

$$X = f\ (Px).$$

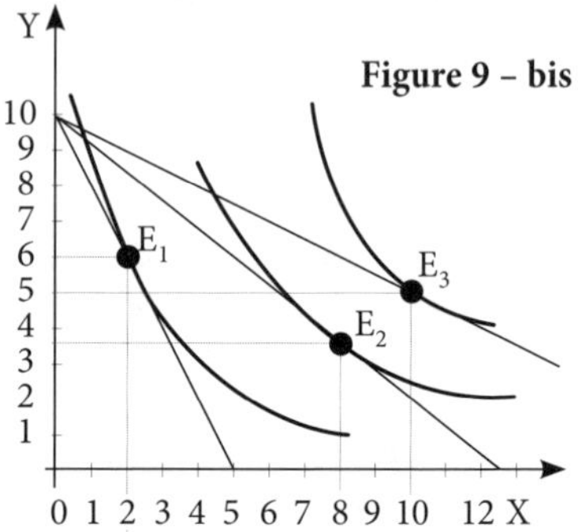

Figure 9 - bis

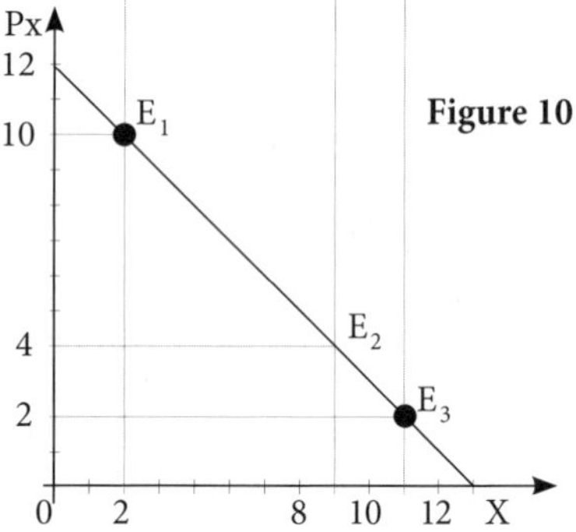

Figure 10

→ Remarques

- Il ne s'agit ici que d'une approximation grossière, puisqu'il faudrait un très grand nombre de points d'équilibre pour avoir une image relativement fiable de l'évolution de la demande.
- Dans le cas présent, cette « courbe » est une droite. C'est un cas particulier et il n'y a aucune raison *a priori* pour qu'il en soit ainsi ; nous avons retenu ici une fonction de demande ***linéaire*** uniquement parce que cela simplifie les calculs à venir.

– La représentation graphique d'une courbe de demande est inversée par rapport aux conventions mathématiques. Normalement, en effet, on porte la variable expliquée (X) sur l'axe vertical (en « ordonnée ») et la variable explicative (Px) sur l'axe horizontal (en « abscisse »). Les économistes font généralement le contraire parce que cela permet de mieux lire les effets des variations de prix, mais cela est affaire de pure convention et ne change absolument rien aux résultats.

Que nous enseigne la courbe ou la droite de demande ? Elle décrit la première loi de la demande : la demande d'un bien est une fonction décroissante de son prix. Bien entendu, ce résultat n'est valable que ***toutes choses étant égales par ailleurs*** (*ceteris paribus*), c'est-à-dire, notamment, si le prix des autres biens, le revenu, le climat, etc., n'ont pas varié.

→ Équation d'une fonction de demande linéaire

Supposons que la forme obtenue sur la figure 10 en joignant les points d'équilibre du consommateur soit une représentation correcte de l'ensemble de la « courbe » de demande. On considère alors qu'il s'agit d'une droite (d'une fonction linéaire).

Comme nous l'avons déjà rappelé, l'équation d'une droite est de la forme $y = ax + b$, où a mesure la pente ($a = \Delta Y/\Delta X$) et b, une constante (c'est-à-dire le niveau minimum de y et qui est indépendant du niveau de x). Par analogie avec cette expression générale de l'équation d'une droite, on peut écrire l'équation de demande du bien X sous la forme : $X = aPx + b$, où X représente la quantité demandée du bien X qui varie en fonction du prix Px, et où $a < 0$ (la demande diminue quand le prix augmente : nous avons une relation « inverse » ou encore « décroissante » entre X et Px).

Nous avons deux inconnues, a et b. Pour déterminer leur valeur, il nous faut deux équations. Les points E_1 et E_2 étant situés sur la droite de demande, leurs « coordonnées » (c'est-à-dire la valeur de X et de Px en E_1 et E_2) doivent vérifier l'égalité :

$$X = aPx + b.$$

On remplace donc X et Px par leur valeur en E_1 et E_2 et l'on obtient deux équations :

- en E_1 on a : $2 = 10a + b$;
- en E_2 on a : $8 = 4a + b$.

Cela constitue un « système » de deux équations et deux inconnues qu'il est facile de résoudre. En effet, on peut par exemple calculer 8 – 2, qui est certes égal à 6, mais aussi à : $(4a + b) - (10a + b)$.

© Hachette Livre – La photocopie non autorisée est un délit.

On écrit donc : $8 - 2 = 6$;

$$= (4\,a + b) - (10\,a + b)\,;$$
$$= 4\,a + b - 10\,a - b.$$

"+ b" et "– b" s'annulent et il reste : $6 = 4\,a - 10\,a$;

$$= -6\,a\,;$$

et puisque $6 = -6\,a$, on peut dire que $a = 6 / -6 = -1$.

Pour déterminer « b », on remplace « a » par sa valeur dans l'une quelconque des équations ci-dessus. Par exemple, dans la première : $(2 = 10\,a + b)$ devient $(2 = -10 + b)$; par conséquent : $b = 2 + 10 = 12$.

On a donc : $a = -1$ et $b = 12$, et l'équation de notre fonction de demande est :

$$X = -1\,Px + 12 \text{ (ou, de façon équivalente, } X = -Px + 12\text{).}$$

→ Interprétation de l'équation de demande

La demande représentée sur la figure 10 a donc pour équation :

$$X = -Px + 12.$$

Cette équation de demande ne signifie pas que le prix est la seule variable explicative de la consommation de X.

Elle indique que si l'on maintient constantes toutes les autres variables qui sont susceptibles d'affecter la consommation du bien X, cette dernière évolue selon la relation $X = -Px + 12$. Ainsi, l'équation complète de la demande pourrait être (chiffres arbitraires) :

$$X = 3 - Px + 1{,}5\,Py - 0{,}5\,P + 0{,}2\,R$$

où R représente le revenu, et P le niveau général des prix des autres biens dans l'économie. On peut observer le niveau de ces différentes variables au moment où l'on aborde l'étude de la demande en fonction du prix de X. Par exemple, ces variables peuvent avoir les valeurs suivantes : $Py = 4$, $P = 10$, et $R = 40$. En les remplaçant par leur valeur dans notre équation de demande, on obtient :

$$X = 3 - Px + (1{,}5\,.\,4) - (0{,}5\,.\,10) + (0{,}2\,.\,40)$$
$$= 3 - Px + 6 - 5 + 8$$
$$= -Px + 12.$$

$(X = -Px + 12)$ n'est donc qu'une forme « réduite » d'une équation de demande plus complète. Dans cette forme réduite, le chiffre 12 mesure à lui seul l'effet de toutes les autres variables que l'on suppose constantes quand on étudie les effets du prix de X.

Notre équation simplifiée entraîne une consommation maximum de 12, quand $Px = 0$. Au-delà de 12, le besoin est saturé, l'utilité marginale devient négative.

L'individu rationnel ne poussera pas la consommation au-delà de ce point, à moins que le prix ne devienne négatif, c'est-à-dire que l'individu ne percoive une indemnité compensant la « désutilité » engendrée par la consommation de X.

À l'autre extrémité de la demande, le prix maximum que le consommateur est disposé à payer est inférieur à 12. En effet, si P = 12, la consommation est nulle.

2. Effet revenu et effet de substitution

Nous sommes parvenus au résultat suivant : la demande d'un bien est une fonction décroissante du prix, ***toutes choses étant égales par ailleurs***. Malheureusement, la variation du prix de X ne laisse pas les « choses » égales par ailleurs, puisqu'elle modifie le pouvoir d'achat du consommateur. Il y a donc à la fois un ***effet prix*** (substitution) et un ***effet revenu***.

« L'effet de substitution » mesure la variation de la consommation d'un bien consécutive au changement de son prix relatif, pour un revenu réel constant. Cet effet est toujours négatif : la variation du prix relatif d'un bien par rapport aux autres biens substituables entraîne toujours une variation en sens inverse de sa consommation. Une hausse de Px par rapport à Py incite toujours un consommateur rationnel à réduire la consommation de X pour lui substituer Y, devenu relativement moins cher ; inversement, une baisse de Px incite toujours à substituer le bien X au bien Y.

Mais, pour un revenu monétaire (« nominal ») inchangé, le pouvoir d'achat (« revenu réel ») de l'individu augmente quand X devient meilleur marché, et diminue si X devient plus cher. Cette variation du revenu réel influence aussi la consommation. L'évolution constatée de la consommation de X reflète donc bien deux effets : un effet « pur » du prix (l'effet de substitution) et l'effet de la variation du revenu réel. En construisant notre courbe de demande sur la figure 10, nous avons implicitement supposé que la totalité de la variation observée de X entre E_1 et E_2, puis entre E_2 et E_3, était imputable au seul effet prix, ce qui est inexact. En effet, pour construire une courbe de demande « pure » (qu'on appelle aussi « courbe de demande compensée ») il aurait fallu éliminer la part des variations de consommation imputables à l'évolution du pouvoir d'achat.

→ Distinction entre effet revenu et effet de substitution

Sur la figure 11 (page suivante), on a deux points d'équilibre E_1 et E_2. On part du point E_1. Une baisse du prix de X intervient. Sur l'axe des X, le montant maximum qu'il est possible d'acheter se déplace vers la droite. Le montant maximum du bien Y n'est pas modifié. On obtient ainsi la nouvelle droite budgétaire et le nouveau point d'équilibre E_2.

© Hachette Livre – La photocopie non autorisée est un délit.

La baisse de Px incite le consommateur à substituer du bien X au bien Y. Mais, pour un revenu nominal inchangé, la baisse du prix de X augmente le pouvoir d'achat, et cela constitue une raison supplémentaire d'acheter non seulement plus de X mais aussi plus de Y : c'est l'***effet revenu***. Comme le montre le déplacement de la contrainte budgétaire vers la droite, l'individu pourrait à présent acheter davantage des deux biens.

Figure 11

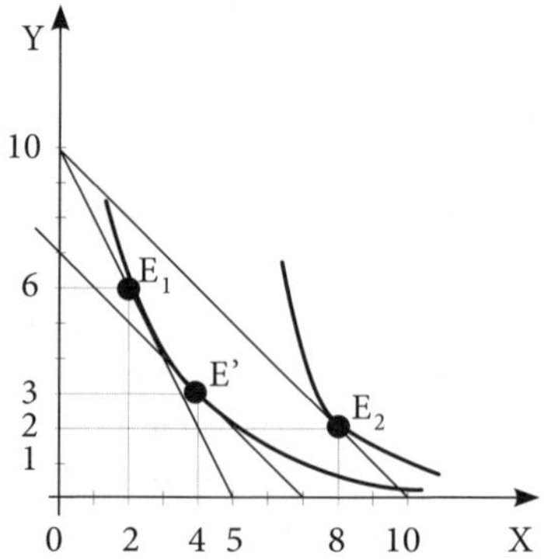

Pour distinguer l'effet de substitution et l'effet revenu, il faut chercher quelle aurait été la nouvelle combinaison optimale si seul le prix relatif Px/Py avait été modifié, le revenu réel étant maintenu constant. On peut considérer que le revenu réel est inchangé si l'individu ne peut pas améliorer son niveau de satisfaction : autrement dit, tant qu'il reste sur une même courbe d'indifférence (méthode proposée par l'économiste anglais John Hicks).

En se déplaçant ***le long de la courbe d'indifférence***, on mesure donc bien ***l'effet de substitution*** : le niveau de satisfaction ou « niveau de vie » reste par définition inchangé ; le long de cette courbe, le consommateur choisit le point où la pente est égale à celle de la droite budgétaire, c'est-à-dire au rapport des prix (rappelons que la pente de la droite budgétaire est –Px/Py). Pour mesurer l'effet de substitution, en partant du point E_1, il suffit donc de trouver, en restant sur ***la même courbe d'indifférence***, le point où cette courbe a une pente correspondant au nouveau rapport des prix, c'est-à-dire une pente équivalente à celle de la nouvelle droite budgétaire. On trouve ce point graphiquement en traçant une parallèle à ***la nouvelle droite budgétaire*** qui soit tangente à ***l'ancienne courbe d'indifférence***. Il s'agit du point E'.

Quand on passe de E_1 à E', le revenu réel est constant puisque l'on reste sur la même courbe d'indifférence; seul le prix relatif des deux biens a changé; on mesure donc l'effet de substitution qui est égal à la variation de X entre E_1 et E'.

Quand on passe de E' à E_2, en revanche, on mesure l'effet de l'élévation du pouvoir d'achat consécutive à la baisse de Px, et seulement cet effet. En effet, seul le niveau du revenu réel change (on atteint une courbe d'indifférence plus élevée), mais le rapport des prix est maintenu constant puisque la pente est la même en E' et en E_2.

3. Le paradoxe de Giffen

Le plus souvent, l'effet revenu et l'effet de substitution se renforcent l'un l'autre. Ainsi, la hausse du prix d'un bien incite à lui substituer d'autres biens devenus relativement moins chers ; en outre, cette hausse de prix réduit le pouvoir d'achat et incite à réduire davantage encore la consommation. Si la part qui revient à chacun des deux effets peut être ambiguë, le résultat global ne l'est pas : la hausse du prix d'un bien entraîne toujours une diminution de sa consommation, et inversement.

Mais, pour certains biens, la baisse du pouvoir d'achat pourrait avoir l'effet paradoxal d'augmenter la consommation au lieu de la réduire (l'effet revenu est négatif). Il s'agit de biens de première nécessité jugés « inférieurs » par les consommateurs ; ils ne les utilisent que parce que leur niveau de vie leur interdit d'utiliser plus intensément des biens de meilleure qualité (exemples : la margarine comparée au beurre, le pain noir comparé au pain blanc, etc.) ; quand le niveau de vie s'élève, la consommation de ces biens « inférieurs » diminue au profit des biens « normaux » ; en revanche, leur utilisation augmente quand le niveau de vie régresse.

Si X est un bien inférieur, que se passe-t-il quand Px augmente ? L'effet de substitution incite à ***réduire*** la consommation de X. Mais le recul du pouvoir d'achat provoqué par la hausse de Px incite, lui, à ***augmenter*** la consommation de X : l'effet revenu joue alors ***en sens inverse*** de l'effet de substitution et peut éventuellement le dominer. En effet, si le bien X est un bien de première nécessité occupant une part importante du budget d'une population à faible revenu, les individus peuvent se trouver tellement appauvris par l'augmentation du prix de ce bien qu'ils doivent renoncer à des biens normaux répondant à des besoins moins urgents, et reporter l'essentiel de leur budget sur X ou d'autres biens « inférieurs ». Paradoxalement, on constate alors une ***hausse de la consommation*** de X quand ***son prix augmente***.

On appelle cette situation le « paradoxe de Giffen », du nom d'un économiste anglais qui aurait constaté ce type de comportement chez les paysans irlandais, à la fin du XIXe siècle. La question de savoir si les observations de Giffen sont exactes et si ce type de biens existe vraiment est très controversée. Mais les biens de Giffen ont du moins le mérite pédagogique de faire comprendre l'importance théorique de la distinction entre l'effet prix et l'effet revenu : la demande est toujours une fonction décroissante du prix, à la seule condition de ne retenir que ***l'effet pur*** du changement des prix relatifs (l'effet de substitution).

© Hachette Livre – La photocopie non autorisée est un délit.

4. De la demande individuelle à la demande du marché

Il est clair que la demande de M. Dupont à Marseille n'intéresse pas spécialement l'analyse économique. La théorie de la demande a pour objet pertinent la demande totale d'un bien, émanant de l'ensemble des consommateurs présents sur le marché d'un même bien. Si l'on suppose que tous les individus présents sur un marché sont confrontés au même prix et que la demande des uns n'est pas influencée par celle des autres, alors la demande totale pour chaque prix est la somme des demandes individuelles à ce prix. Comme nous le verrons dans la dernière section de ce chapitre, cette façon trop simple de passer d'une demande individuelle à la demande du marché est plus que problématique.

B– Élasticité-prix de la demande

Le concept « d'élasticité-prix » mesure le ***degré de sensibilité*** de la demande aux variations du prix.

L'élasticité-prix de la demande d'un bien est égale au rapport entre le pourcentage de variation de la quantité demandée et le pourcentage de variation du prix.

La question pratique est de savoir sur quel intervalle de variation on doit mesurer ce pourcentage : entre deux points plus ou moins éloignés sur la courbe de demande (« élasticité-arc »), ou bien en un point, c'est-à-dire pour une variation infiniment petite du prix (« élasticité-point ») ?

1. L'élasticité « arc »

Prenons deux points sur une courbe de demande. On sélectionne ainsi une portion (un « arc ») de la courbe. Calculons le pourcentage de variation de la quantité consommée ($\Delta X/X \,.\, 100$) et le pourcentage de variation du prix ($\Delta Px/Px \,.\, 100$), quand on passe d'un point à l'autre.

Le rapport de ces deux pourcentages donne : $e_{px} = \dfrac{\Delta X/X}{\Delta Px/Px}$.

On peut tirer de cette expression une formule de calcul plus simple. En effet, diviser une variable par « x » revient à la multiplier par « 1/x ». Ici, diviser $\Delta X/X$ par $\Delta Px/Px$ revient à multiplier $\Delta X/X$ par $Px/\Delta Px$.

On a donc : $\dfrac{\Delta X/X}{\Delta Px/Px}$ est équivalent à : $\dfrac{\Delta X}{X} \cdot \dfrac{Px}{\Delta Px}$ ou encore à : $\dfrac{\Delta X}{\Delta Px} \cdot \dfrac{Px}{X}$.

L'effet normal du prix sur la consommation étant négatif, ce calcul donne nécessairement une ***élasticité négative***. Cependant, ***par convention***, on présente souvent l'élasticité-prix en ***valeur absolue***, et pour lui donner une valeur ***toujours positive***, on la définit comme ci-dessus mais en plaçant un signe « – » devant.

L'élasticité prix, e_{px}, est donc : $e_{px} = \dfrac{\Delta X}{\Delta Px} \cdot \dfrac{Px}{X}$.

Comme nous l'avions fait pour le TMS au chapitre précédent, nous mettons le signe « – » entre parenthèses pour insister sur sa nature facultative et conventionnelle.

→ Exemple de calcul

Sur la figure 12, calculons l'élasticité-prix quand on passe du point A au point B. La variation du prix (ΔPx) est égale à 2 – 9 = –7 ; celle de la demande est égale à 5 – 1 = 4. Les valeurs initiales de Px et X sont respectivement 9 et 1. On a donc :

$$\begin{aligned} e_{px} &= (-)\frac{\Delta X}{\Delta Px} \cdot \frac{Px}{X}; \\ &= (-)\frac{4}{-7} \cdot \frac{9}{1}; \\ &= (-) - 0{,}5714.9; \\ &= 5{,}14. \end{aligned}$$

Figure 12

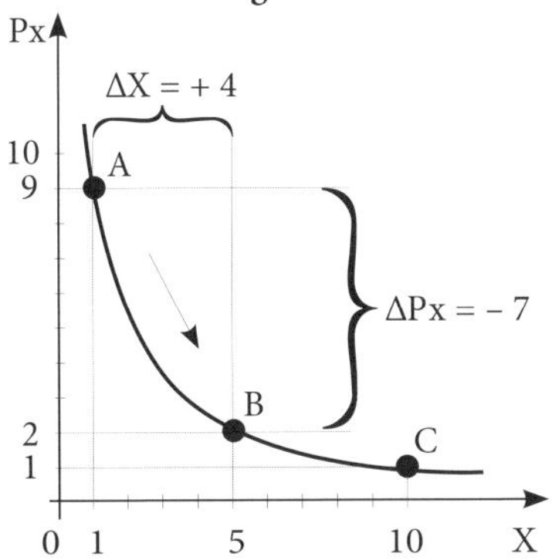

La formule de calcul initiale aurait pour résultat une élasticité de –5,14. Mais comme nous avons mis un signe « – » devant la formule de calcul, nous obtenons une élasticité positive égale à 5,14. Cela ne doit pas faire oublier que l'effet du prix est bien négatif. Ici, l'élasticité obtenue indique qu'une augmentation de 1% du prix de X entraîne une ***diminution*** de 5,14 % de sa consommation.

Un calcul analogue, quand on passe du point B au point C, donne : $e_{px} = 2$.

© Hachette Livre – La photocopie non autorisée est un délit.

→ Inconvénients de l'élasticité-arc

Cette mesure de l'élasticité a l'avantage de la simplicité, mais elle présente deux inconvénients.

- D'une part, sauf cas particulier, l'élasticité varie en chaque point de la courbe de demande ; une élasticité calculée entre deux points nous fait donc perdre l'information sur la sensibilité de la demande en chacun des points intermédiaires.
- D'autre part, le résultat obtenu dépend de la base retenue pour calculer les pourcentages. Si nous calculons le pourcentage de variation quand on passe du point A au point B, nous obtenons une élasticité de 5,14. Mais si nous procédons au même calcul dans l'autre sens, quand on passe de B à A, nous obtenons une élasticité de 0,23 ! En effet, la variation ***absolue*** de X et Px entre les deux points est la même dans les deux sens, mais pas la variation ***relative*** (en pourcentage), puisque les valeurs de départ de X et Px sont différentes. Or, il n'existe aucune raison théorique de privilégier l'un ou l'autre sens de calcul. Une solution parfois retenue consiste à prendre pour base de calcul non pas les valeurs respectives de X et Px en A ou en B, mais la moyenne de leurs valeurs en ces deux points. Ce « bricolage » n'a de sens que si l'on ne connaît pas plus de quelques points sur la courbe de demande. Quand on dispose d'une information précise sur la forme de cette courbe, c'est-à-dire quand on connaît l'équation de demande décrivant la liaison fonctionnelle entre le prix et la quantité, il est préférable de recourir à l'élasticité-point.

2. L'élasticité-point

Mesurer l'élasticité en un point revient à calculer le pourcentage de variation de X pour un pourcentage de variation tellement petit du prix (tendant vers zéro) que l'on reste pratiquement au même point sur la courbe de demande.

On sait que la dérivée de X par rapport à Px mesure précisément l'impact sur X d'une variation infiniment petite de Px. Dans notre formule de calcul précédente, il suffit donc de remplacer « $\Delta X/\Delta Px$ » par « dX/dPx » et nous obtenons l'élasticité-point :

$$e_{px} = (-)\ \frac{dX}{dPx} \cdot \frac{Px}{X}.$$

→ Exemple de calcul

Notons que dans le cas particulier où la « courbe » de demande est en fait une droite, $\Delta X/\Delta Px$ et dX/dY sont équivalents ; les formules de calcul de l'élasticité arc et de l'élasticité-point sont donc aussi équivalentes.

Appliquons notre formule à l'équation de demande représentée sur la figure 10. On a :

$$X = - Px + 12.$$

La dérivée dX/dPx est simplement le coefficient de la variable Px dans l'équation de demande ; elle est donc égale à – 1, et ne change pas puisque nous nous trouvons sur une droite. Seul varie le rapport Px/X. Ce dernier est continûment décroissant le long de la droite de demande, et donc la valeur de l'élasticité est aussi décroissante. Si, par exemple, nous calculons e_{px} aux trois points E_1, E_2 et E_3 (figure 9), nous trouvons :

- en E_1 : $e_{px} = (-)\ -1 \cdot \frac{10}{2} = 5$;
- en E_2 : $e_{px} = (-)\ -1 \cdot \frac{4}{8} = 0,5$;
- en E_3 : $e_{px} = (-)\ -1 \cdot \frac{2}{10} = 5.$

3. Élasticité croisée

Il est également intéressant d'étudier comment la consommation d'un bien réagit aux variations du prix d'un autre bien. Cette étude permet de savoir si ces biens sont « indépendants », « substituables » ou « complémentaires ».

- Si la consommation de deux biens X et Y est indépendante, les variations de prix de l'un resteront sans influence sur la consommation de l'autre.
- Si X et Y sont « substituables », ***l'un peut remplacer l'autre*** pour satisfaire un même besoin (exemples : on peut se nourrir avec des tomates ou des pommes de terre ; on peut se déplacer en voiture ou en train, etc.). Dans ce cas, l'augmentation du prix de Y amène l'individu à substituer X à Y. La consommation de X varie dans le même sens que le prix de Y.
- Si les deux biens sont « complémentaires », ***la consommation de l'un va de pair avec celle de l'autre*** (exemple : on ne peut pas utiliser une automobile sans essence). Dans ce cas, sur le marché, l'augmentation du prix de Y tend à réduire la consommation des deux biens. La consommation de X varie dans le sens inverse du prix de Y.

On mesure le degré de sensibilité de la demande d'un bien X aux variations du prix d'un autre bien par l'élasticité croisée, e_c.

© Hachette Livre – La photocopie non autorisée est un délit.

L'élasticité croisée de la demande du bien X par rapport au prix d'un bien Y est égale au rapport entre le pourcentage de variation de la quantité demandée du bien X et le pourcentage de variation du prix du bien Y.

La méthode de calcul est la même que pour e_{px}, à ceci près que l'on remplace Px par Py. On a donc, si l'on calcule toujours l'élasticité en un point :

$$e_{cx} = \frac{dX}{dPy} \cdot \frac{Py}{X}.$$

- Si $e_c = 0$, les deux biens sont indépendants : une variation de Py n'a aucun effet sur la consommation de X.
- Si $e_c > 0$, les deux biens sont substituables : une variation de Py entraîne une variation ***moins que proportionnelle*** et ***dans le même sens*** de la consommation de X.
- Si $e_c > 1$, on dit qu'il s'agit de « substituts étroits » : une variation de Py entraîne une variation ***plus que proportionnelle*** et ***dans le même sens*** de la consommation de X.
- Si $e_c < 0$, les deux biens sont complémentaires : une variation de Py entraîne une variation ***moins que proportionnelle*** et ***en sens inverse*** de la consommation de X.
- Si $e_c < -1$, on dit qu'il s'agit de « compléments étroits » : une variation de Py entraîne une variation ***plus que proportionnelle*** et ***en sens inverse*** de la consommation de X.

→ Exemple de calcul

Reprenons notre équation de demande complète définie plus haut :

$$X = 3 - Px + 1{,}5\ Py - 0{,}5\ P + 0{,}2\ R.$$

Calculons l'élasticité croisée au point d'équilibre E_2, quand Px = Py = 4, et X = 8. La dérivée de X par rapport à Py se lit directement dans l'équation : elle est égale au coefficient de la variable Py. Soit : dX/dPy = 1,5. Il suffit de multiplier la dérivée ainsi obtenue par le rapport Py/X. On obtient :

$$e_{cx} = \frac{dX}{dPy} \cdot \frac{Py}{X} = 1{,}5 \cdot \frac{4}{8} = 0{,}75.$$

Les biens X et Y sont donc substituables, mais il ne s'agit pas de substituts étroits.

II. La demande et le revenu

A– La fonction de demande

1. Construction de la courbe de demande

La construction graphique de la courbe de demande en fonction du revenu suit la même méthode que celle adoptée plus haut pour la demande en fonction du prix (voir figure 9).

La différence tient à ce que la pente de la droite budgétaire est constante (les prix relatifs ne changent pas) ; la droite budgétaire se déplace vers le haut comme sur la figure 8 (chapitre 2). On obtient différents points d'équilibre. Sur un nouveau graphique, on reporte en ordonnées les quantités consommées aux points d'équilibre et, en abscisses, le revenu correspondant. En joignant les points ainsi obtenus, on dessine une courbe qui décrit l'évolution de la demande du bien en fonction du revenu de l'individu : il s'agit de la « courbe d'Engel », du nom d'un statisticien allemand (1821-1896) qui étudia les effets du revenu sur la consommation.

2. Les courbes d'Engel

Selon que l'effet du revenu sur la consommation est positif ou négatif, fort ou moins fort, on obtient différentes courbes de demande. On peut construire trois types de courbes d'Engel (sur la figure 13), auxquels on associe souvent certaines catégories de biens ou services.

▶ Les biens « **inférieurs** » (courbe D_1) : l'effet revenu est négatif; l'amélioration du niveau de vie amène les consommateurs à se détourner de ces biens considérés comme « inférieurs » au profit de biens de meilleure qualité (on passe du pain noir au pain blanc, de la margarine au beurre, etc.).

▶ Les biens « **normaux** » (courbe D_2) : l'effet revenu est positif et la consommation augmente aussi vite ou moins vite que le revenu; ainsi, Engel estime que, lorsque le niveau de vie s'élève, la part des produits alimentaires dans le budget des ménages baisse et que celle de l'habillement et du logement est constante.

© Hachette Livre – La photocopie non autorisée est un délit.

▶ Les biens « **supérieurs** » (courbe D_3) : l'effet revenu est positif et la consommation augmente plus vite que le revenu ; en conséquence, la part de ces biens dans la consommation des ménages s'accroît avec le revenu ; Engel classe dans cette catégorie la plupart des autres biens (ceux qui ne répondent pas aux trois besoins primaires : alimentation, habillement, logement).

Notons qu'il n'existe pas de raisons théoriques *a priori* pour qu'un bien soit classé dans l'une de ces catégories. Ce classement relève donc des études statistiques, et se révèle d'ailleurs variable selon les époques et les pays étudiés.

Figure 13

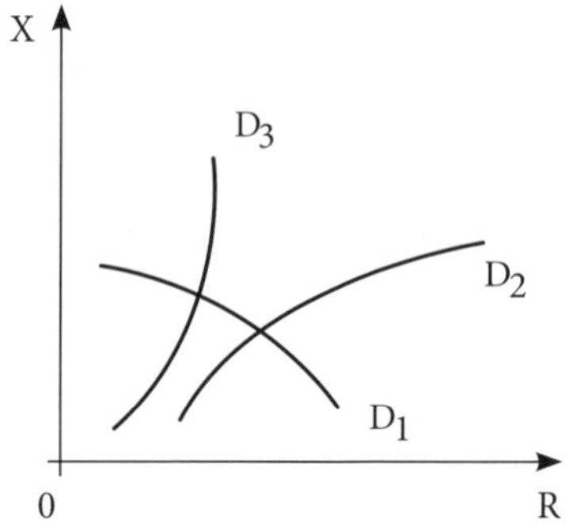

B– Élasticité-revenu de la demande

L'élasticité-revenu mesure, pour un individu ou un groupe d'individus, le degré de sensibilité de la demande d'un bien par rapport au revenu.

L'élasticité-revenu de la demande d'un bien est égale au rapport entre le pourcentage de variation de la quantité demandée et le pourcentage de variation du revenu.

La formule de calcul est établie de façon analogue à celle de l'élasticité-prix. Il suffit simplement de remplacer le prix du bien (Px) par le revenu (R). On a donc :

$$e_r = \frac{dX/X}{dR/R} = \frac{dX}{dR} \cdot \frac{R}{X}.$$

- Si $e_r < 0$, le bien X est un bien inférieur.
- Si $1 > e_r > 0$, le bien X est un bien normal.
- Si $e_r > 1$, le bien X est un bien supérieur.

➜ Exemple de calcul

Reprenons notre équation de demande complète définie plus haut :

$$X = 3 - Px + 1{,}5\ Py - 0{,}5\ P + 0{,}2\ R.$$

Rappelons qu'avec Px = Py = 4, P = 8 et R = 40, on peut calculer X = 8. La dérivée de la consommation par rapport au revenu nous est donnée directement par l'équation : il s'agit du coefficient de la variable R qui est égal à 0,2.

Dans ce cas, l'élasticité-revenu est :

$$e_r = \frac{dX}{dR} \cdot \frac{R}{X} = 0{,}2 \cdot \frac{40}{8} = 1.$$

III. L'offre de travail

1. Construction de la courbe d'offre individuelle

L'offre de travail par les individus résulte d'un arbitrage entre l'utilité du temps de loisir qu'ils sacrifient et l'utilité du revenu tiré du travail, ou encore l'utilité des biens et services qu'ils peuvent se procurer avec ce revenu.

La figure 14, identique à la figure 9, à partir de laquelle nous avons déduit la courbe de demande, nous permet aussi de déduire la courbe d'offre de travail de l'individu. Il suffit, en effet, de décider que Y représente le temps de loisir et X, le revenu. Les courbes d'indifférence représentent désormais les combinaisons (loisir, revenu) qui procurent un même niveau de satisfaction. La droite budgétaire indique les possibilités d'échange entre loisir et revenu. Le rythme auquel on peut échanger du loisir contre du revenu (la pente de la droite) dépend évidemment du taux de salaire obtenu en échange de chaque heure de loisir sacrifiée. Le déplacement du point d'équilibre vers la droite correspond ici à une élévation du taux de salaire horaire. En effet, si le taux de salaire augmente, le revenu maximum que l'individu peut retirer du travail s'élève (point extrême sur l'axe des X). Les points d'équilibre E_1, E_2

Figure 14

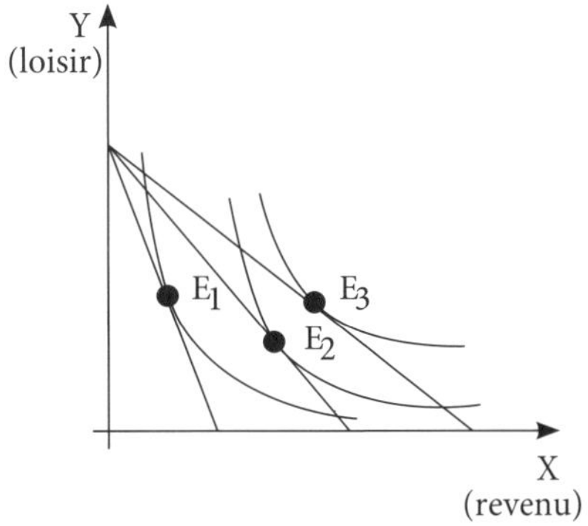

© Hachette Livre – La photocopie non autorisée est un délit.

et E_3 nous donnent désormais la demande de loisir (sur l'axe des Y), et donc, par différence avec le temps total disponible, l'offre de temps de travail de l'individu en fonction du taux de salaire.

Notons que le salaire pertinent pour l'analyse est ici le salaire « ***réel*** », qui mesure le pouvoir d'achat du salarié, par opposition au salaire « ***nominal*** », que nous désignerons par "w" et qui représente le montant inscrit sur la fiche de paye du travailleur. Le salaire réel est égal au salaire nominal "w" divisé par un indice du niveau général des prix « p », soit : w/p.

La hausse du salaire réel a deux effets. D'une part, elle incite à substituer du temps de travail salarié au temps de loisir non rémunéré (effet de substitution). D'autre part, elle élève le pouvoir d'achat attaché à chaque heure de travail et permet à l'individu de maintenir son revenu initial en travaillant moins, et de prendre ainsi plus de loisir (effet revenu). Ici, l'effet de substitution et l'effet revenu jouent en sens inverse : le premier stimule, tandis que le second freine l'offre de travail.

Sur la figure 14, quand on passe de E_1 à E_2, l'effet de substitution l'emporte et la demande de loisir diminue (l'offre de travail augmente). Mais de E_2 à E_3, c'est au contraire l'effet revenu qui domine : la demande de loisir augmente (l'offre de travail régresse).

À partir de la figure 14, on obtiendrait donc une offre de travail croissante en fonction du salaire (w/p) jusqu'à un certain point (le point w*/p sur la figure 15) et décroissante ensuite.

Figure 15

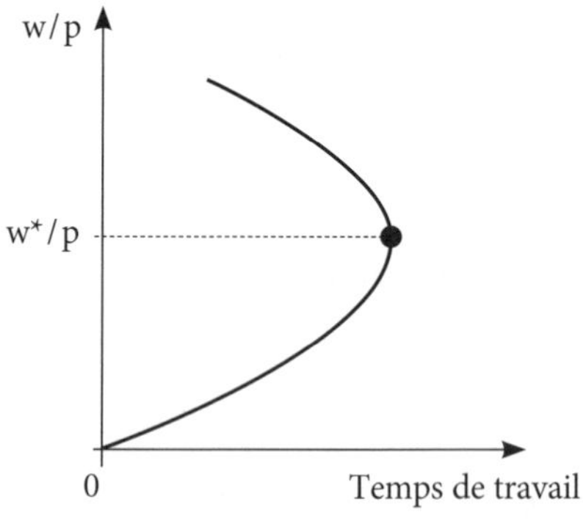

2. L'offre totale de travail sur le marché

L'expérience montre que l'effet revenu sur l'offre de travail n'est vraiment sensible que pour des niveaux de salaires élevés. Quand on raisonne pour l'ensemble de l'offre de travail sur le marché (et donc pour un niveau moyen des salaires), il est donc raisonnable de penser que l'effet de substitution domine, c'est-à-dire que l'offre de travail augmente quand le salaire réel s'élève. Aussi l'analyse économique ne retient-elle, comme hypothèse de travail, que la partie croissante de la courbe d'offre (jusqu'au point w*/p sur la figure 15).

IV. La nouvelle théorie du consommateur de Gary S. Becker

A– Les limites de la théorie traditionnelle

1. La stabilité des préférences remise en question

La théorie traditionnelle du consommateur explique l'évolution de la demande par les variations des prix ou du revenu.

Les goûts et les préférences des consommateurs sont considérés comme des données exogènes, stables, et n'entrent jamais en compte dans l'explication des comportements. En effet, d'un point de vue scientifique, on ne peut expliquer un comportement par une hypothèse sur les goûts ou les préférences de l'individu, parce qu'il serait impossible de soumettre une telle hypothèse à l'épreuve des faits.

Cependant, la microéconomie traditionnelle s'avère inopérante face à certains phénomènes difficilement explicables par les seules variations des prix ou du revenu. Cette incapacité ouvre la voie à des conjectures invérifiables sur les goûts et les préférences. ***La nouvelle théorie du consommateur*** vise en partie à éviter cet écueil.

2. L'évolution des modes de consommation

Si les préférences sont stables, comment interpréter la ***transformation rapide des modes de consommation*** au XXe siècle ? L'élévation du revenu peut expliquer l'augmentation du ***volume*** de la consommation, mais pas l'évolution de sa ***structure***. À la limite, les prix relatifs pourraient expliquer la répartition du budget entre les biens et services existants, mais pas l'apparition incessante de ***nouveaux biens et services*** qui viennent satisfaire ce que le langage courant désigne comme des ***besoins nouveaux***. Le besoin de télévisions, de smartphones, de cigarettes électroniques, de skate-boards, etc., n'existait pas avant que des industriels à la recherche de nouveaux profits ne mettent au point ces produits et ne parviennent à convaincre les consommateurs de leur utilité, notamment à travers la publicité. Tous les discours sur les effets de la publicité, soi-disant capable de créer des « faux besoins », reflètent l'incapacité de la théorie économique traditionnelle à expliquer certaines des caractéristiques majeures des sociétés de consommation.

© Hachette Livre – La photocopie non autorisée est un délit.

3. Les choix non marchands

Par ailleurs, si l'individu ne tient compte que du revenu et des prix, comment expliquer les choix qui débordent largement de la sphère des décisions marchandes ? Par exemple, qu'est-ce qui détermine le nombre d'enfants qu'un ménage décide de mettre au monde ? Pourquoi les taux de natalité baissent-ils sensiblement quand le niveau de vie s'élève ?

Certains croient pouvoir déduire de ces observations un développement du « matérialisme », voire de « l'égoïsme » des individus, qui « préféreraient » désormais les satisfactions issues de la consommation et des loisirs à celles de la vie familiale. Face à ce type de phénomène, peut-on vraiment, comme le fait l'analyse économique, soutenir que les préférences des individus ne changent pas ? La nouvelle théorie du consommateur répond « oui » en comblant les lacunes de la microéconomie traditionnelle.

B– La nouvelle théorie du consommateur

1. Distinction entre biens et besoins

La théorie traditionnelle confond les biens et les besoins qu'ils doivent satisfaire. Quand on écrit une fonction d'utilité sous la forme : U = U (X, Y, Z, ...), on suppose que l'individu cherche à satisfaire « un besoin de X », « un besoin de Y », etc. Autrement dit, le consommateur a un besoin de tomates, un besoin de voiture, un besoin de journaux... La nouvelle théorie souligne que l'individu n'a pas besoin de tomates mais qu'il a besoin de se nourrir ; il n'a pas besoin de voiture mais a besoin de se déplacer (ou de montrer ostensiblement sa prospérité !) ; il n'a pas besoin de journaux mais d'information, etc.

Dès lors, ***l'hypothèse de stabilité des préférences redevient compatible avec un changement dans le mode de consommation***. En effet, un même besoin stable peut être satisfait par des biens différents, utilisés seuls ou combinés entre eux. La fonction d'utilité s'écrit désormais :

U = U (alimentation, déplacement, information, réputation, etc.).

Les arguments entre parenthèses ne sont plus des biens mais des ***satisfactions*** que l'individu cherche à produire en combinant les différents biens. Pour chacune de ses satisfactions (S), il existe une ***fonction de production de satisfaction*** du type S = S (X, Y, Z, ...), où X, Y et Z représentent les biens. Ces derniers ne sont plus l'objet du désir ; il ne sont que les facteurs de production, interchangeables selon l'évolution des coûts ou des techniques et contribuent à satisfaire les « véritables » besoins qui se trouvent dans la fonction d'utilité. Celle-ci peut rester stable même si les techniques de production des satisfactions adoptées par les individus, et donc les modes de consommation, évoluent rapidement.

2. Intégration du coût du temps

La théorie traditionnelle néglige un aspect essentiel dans l'utilisation des différents biens et services : la consommation plus ou moins importante de temps. Or ***le temps est une ressource rare***, au même titre que les biens. Son utilisation a un ***coût d'opportunité*** : l'ensemble des satisfactions que l'on pourrait obtenir en faisant un autre usage de son temps.

La nouvelle théorie ébauchée ci-dessus permet d'intégrer le coût du temps dans l'analyse, en introduisant le temps comme l'un des facteurs de production des satisfactions : S = S(X, Y, Z, …, temps).

On peut, dès lors, comprendre des phénomènes que la théorie traditionnelle ne pouvait expliquer en l'absence d'hypothèse supplémentaire sur les goûts ou les préférences. On peut, par exemple, expliquer la baisse de la natalité dans les pays riches, tout en supposant que les individus aiment autant les enfants que par le passé. En effet, dans ces pays, l'élévation rapide des salaires réels depuis les années 1950 entraîne une augmentation considérable du coût du temps. Chaque heure consacrée aux activités domestiques a un coût d'opportunité bien supérieur à celui qu'elle avait dans le passé, parce que, sur le marché du travail, cette heure permettrait de gagner un salaire qui a fortement progressé. Simultanément, « le prix réel » des biens (c'est-à-dire le coût en heures de travail) ne cesse de décroître en raison des progrès techniques et de la production en grande série.

Dans un contexte où le prix du temps s'élève tandis celui des biens diminue, des individus rationnels vont chercher à satisfaire les mêmes besoins, que l'on peut supposer constants, en adoptant des méthodes qui économisent le temps et utilisent de plus en plus de biens et services marchands. Ainsi, on peut faire l'hypothèse que les ménages ont moins d'enfants parce qu'il s'agit d'une source de satisfaction particulièrement « vorace » en temps. En revanche, ils dépensent beaucoup plus d'argent pour leurs enfants, en vêtements, loisirs, éducation, santé, etc. La supposition, impossible à vérifier ou à infirmer, d'un amour moins marqué pour les enfants n'est donc pas nécessaire pour comprendre la baisse de la natalité. La préférence pour les enfants n'aurait pas changé; mais les façons de l'exprimer se seraient adaptées à l'évolution du prix relatif des biens et du temps.

© Hachette Livre – La photocopie non autorisée est un délit.

3. Intégration du capital humain

On peut aussi intégrer, dans la fonction de production des satisfactions, le capital humain de l'individu, c'est-à-dire l'ensemble des expériences, connaissances, qualifications qu'il a acquises depuis sa naissance et qui le rendent plus ou moins capable de produire des satisfactions avec un ensemble donné de biens et services. Un individu que ses parents ont inscrit très jeune à un cours de piano éprouvera probablement plus de satisfaction à jouer du piano qu'un individu qui n'aurait jamais étudié cet instrument ; pour comprendre cela, il n'est ni nécessaire ni utile de supposer que l'un « aime » plus le piano que l'autre. Des individus peuvent très bien éprouver ***le même besoin*** de détente, ou de création, ou d'émotion, mais le satisfaire chacun par des ***activités très différentes*** parce qu'ils n'ont pas la même capacité de produire des satisfactions dans une activité donnée : ce ne sont pas leurs goûts qui diffèrent, mais leur capital humain.

Il importe de bien comprendre la démarche de cette nouvelle approche : il ne s'agit nullement d'affirmer que les goûts, la personnalité, l'amour, etc., sont sans importance dans les comportements humains ; l'économiste n'adopte pas une position philosophique sur cette question, mais une position méthodologique. Quelle que soit l'importance réelle des goûts et des préférences, ceux-ci ne peuvent fournir que des explications impossibles à réfuter, par conséquent non scientifiques ; on doit donc définir une méthode qui permette de raisonner ***comme si*** les goûts et les préférences étaient stables et sans incidence sur les changements de comportement. Cette méthode n'est pas justifiée parce qu'elle est ***exacte*** ou ***réaliste*** ; elle l'est tant qu'elle permet d'émettre des hypothèses réfutables qui autorisent une ***prévision efficace*** des comportements.

V. Critique de la théorie du consommateur et de la demande

Toute la théorie de la demande repose sur la possibilité de construire une fonction de demande d'un bien continument décroissante en fonction du prix, et ce à partir d'un modèle du choix rationnel de l'individu-consommateur. Or, la construction de cette fonction n'est possible qu'à des conditions insensées (A). Par ailleurs, les découvertes de la psychologie appliquée à l'économie (économie comportementale) démontrent que l'existence d'une telle fonction de demande n'est pas toujours garantie au niveau de l'individu (B).

A– Les conditions d'existence d'une courbe de demande agrégée

Nous avons évoqué plus haut (I. A. 4) une présentation usuelle de la construction d'une courbe de demande d'un bien : on fait comme si l'on pouvait se contenter d'additionner les quantités demandées à chaque prix par chacun des agents acheteurs, les sommes ainsi obtenues indiquant la demande totale sur le marché.
En fait, dès 1953, William Gorman a démontré que cette construction n'était rigoureusement possible qu'à des conditions extravagantes (« Community preferences fields », *Econometrica*, vol. 21, n°1, 1953).

→ Les conditions de Gorman

On ne peut construire une courbe de demande d'un bien au niveau du marché (de la branche) en agrégeant les demandes des individus que dans le cas où sont remplies les deux conditions suivantes :

1°) Les courbes d'Engel (relation revenu-consommation, *cf.* II. A. 2) sont des droites pour tous les biens ;

2°) Tous les individus ont les mêmes courbes d'Engel.

▸ **La première condition** signifie que le rapport quantité/revenu (la part de chaque bien dans le budget) est invariable. Autrement dit, **quelle que soit l'évolution de leur revenu, les individus ne changent rien à leur mode de consommation**, ce qui est manifestement contraire à l'expérience commune. Cela suppose une indifférenciation subjective des biens puisque, à prix donnés, les consommateurs n'éprouvent aucun désir d'intensifier l'usage relatif d'un quelconque bien lorsque leur pouvoir d'achat s'élève. Cette condition ne s'applique donc que si les individus raisonnent et décident comme s'il n'existait qu'un seul bien homogène.

▸ **La seconde condition** implique que tous les agents économiques ont les mêmes préférences. Autrement dit, même s'il existe des millions d'acteurs distincts physiquement, ces derniers ne sont que des clones parfaits subjectivement. En considérant comme une approximation acceptable le fait d'assimiler la fonction de demande d'un bien à la somme des fonctions de demande individuelles, **la théorie microéconomique raisonne comme s'il n'existait qu'un seul individu** (on dira un « agent représentatif »). C'est là une hypothèse saugrenue. Ce d'autant plus qu'il n'est même pas certain que l'on puisse toujours établir l'existence d'une fonction de demande individuelle stable et continue.

© Hachette Livre – La photocopie non autorisée est un délit.

B– Les découvertes de l'économie comportementale

En 1952, lors d'un congrès réunissant les meilleurs spécialistes de la théorie de l'utilité espérée, **Maurice Allais** (prix Nobel 1988) propose aux participants de classer leurs préférences à propos d'une série de loteries impliquant diverses combinaisons de gains assorties de leurs probabilités d'occurrence. Il montre alors que, le plus souvent, les choix exprimés par ces économistes ne sont pas rationnels, au sens de leur propre théorie. Inspirés par cette première expérience et par les travaux de H. Simon sur les limites de la rationalité, **Daniel Kahneman** (prix Nobel 2002) et **Amos Tversky** lancent, dans les années 1970, un vaste programme d'expériences au cours desquelles ils proposent aux sujets une grande variété de choix économiques fictifs. Ces travaux, complétés par ceux de **Richard Thaler** sur les comportements économiques réels, sont à l'origine d'un nouveau champ de recherche : l'économie comportementale. Nous sélectionnons ici quelques-uns de leurs résultats les plus marquants[1].

1. L'aversion à la perte

Dans la théorie microéconomique standard, le choix rationnel ne dépend que de la situation objective à laquelle les individus sont confrontés : si une option A présente une espérance de gain supérieure à une option B, tous les individus rationnels doivent préférer l'option A. Les expériences en laboratoire démontrent qu'en réalité les sujets ont des réactions différentes selon qu'ils comparent des perspectives de gains ou des perspectives de pertes. Les choix ne dépendent donc pas des seules données objectives du problème, mais d'un « point de référence » propre à chaque individu (sa fortune, l'objectif qu'il s'est fixé, etc.). De plus, on constate ce que Kahneman et Tversky appellent l'« aversion à la perte ».

L'aversion à la perte se manifeste par une asymétrie des réactions subjectives d'un individu face à un gain ou une perte d'une même valeur absolue.

Par exemple : la perte de 100 euros induit pour moi une désutilité plus forte (en valeur absolue) que l'utilité procurée par un gain de 100 euros. L'aversion à la perte est la cause de plusieurs comportements non conformes à la rationalité économique (au sens de la maximisation de l'espérance de gain ou d'utilité).

1. Quelques références. Daniel Kahneman et Amos Tversky, « Prospect Theory: An Analysis of Decision under Risk », *Econometrica*, vol. 47, no 2 mars 1979, p. 263-291. Daniel Kahneman, *Système 1, système 2. Les deux vitesses de la pensée*, Flammarion, 2012. Richard H. Thaler, *Misbehaving, The Making of Behavioral Economics*, W.W. Norton & Company, New York, 2015.

2. L'« effet de dotation » et l'instabilité des préférences

Richard Thaler a mis en évidence une première conséquence de l'aversion à la perte : le plaisir d'acquérir un bien que l'on désire est inférieur à la peine ressentie si l'on cède ce même bien alors qu'on le possède. Il s'ensuit que, contrairement à ce qu'énonce la théorie du consommateur, l'ordre de préférence entre deux paniers de consommation n'est pas une donnée stable ; il dépend de la dotation initiale à partir de laquelle l'individu envisage son choix. C'est ce que Thaler appelle **l'effet de dotation**. Pour mieux comprendre cet effet et ses conséquences pour la théorie de la demande, nous reprenons ci-dessous un exemple développé par Thaler.

Supposons des salariés qui se voient proposer une amélioration de leur situation sous la forme, soit d'une augmentation de leurs jours de congés, à rémunération inchangée, soit d'une augmentation de la rémunération, à congés constants.

Nous reproduisons les termes de cet arbitrage sur la figure 16 qui représente, pour un salarié type, les courbes d'indifférence entre congés payés annuels et revenu annuel. L'individu se situe au départ au point A ; on lui propose de choisir entre deux nouvelles combinaisons B ou C.

▶ **Selon la théorie du consommateur**, le passage à la situation B (augmentation des congés) ou à la situation C (augmentation du revenu) laisse l'individu indifférent. Une fois le choix effectué, le salarié atteint une nouvelle courbe d'indifférence plus élevée sur laquelle les situations B et C restent subjectivement équivalentes. Les préférences sont stables. La même fonction d'utilité pourra servir à des choix ultérieurs.

Figure 16

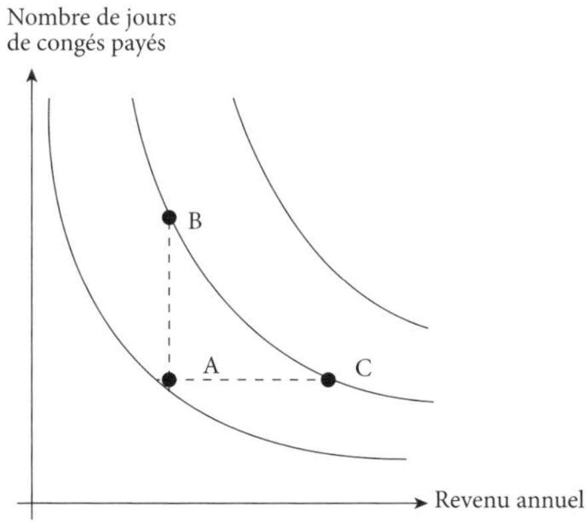

▶ **Pour l'économie comportementale**, le salarié n'est assurément indifférent entre B et C qu'au moment du choix, quand il est encore dans la situation A. Mais une fois que l'individu se retrouve dans la position B (plus de congés), ou dans la position C (plus de revenu), il peut ne plus considérer B et C comme indifférents, car son point de référence a changé. L'individu peut être attaché à son nouveau mode de vie, et refuser d'échanger B contre C ou l'inverse, ou plus précisément refuser d'échanger congés et revenus au même taux auquel il était disposé à le faire, avant d'avoir changé de situation.

© Hachette Livre – La photocopie non autorisée est un délit.

C'est l'effet de dotation. L'individu peut être attaché à sa nouvelle dotation de ressources et sujet à l'aversion à la perte, dès lors qu'il envisage un quelconque changement.

▶ **La théorie du choix du consommateur ne décrit donc que des calculs virtuels** du type « si mes opportunités se développent de telle manière que j'ai le choix entre x nouveaux paniers de bien, voilà comment je serais disposé à substituer ces paniers de biens entre eux ». Mais dès que l'on étudie des choix économiques réels, dès que les décisions sont prises (l'individu est passé de A à B, et non pas de A à C), l'individu n'est plus disposé aux mêmes arbitrages. Le fait d'avoir effectué un choix change sa situation et sa manière d'envisager de nouveaux arbitrages. **Les courbes d'indifférence changent après chaque changement de situation !** Les préférences se transforment donc en permanence et l'analyse microéconomique ne peut plus décrire aucun comportement stable.

3. La différence entre les biens d'échange et les biens d'usage

L'effet de dotation n'est pas universel. Il concerne les biens qui sont destinés à être utilisés par le sujet et non pas les biens que ce dernier destine uniquement à l'échange. Kahneman, Knetsch et Thaler (« Anomalies: The Endowment Effect, Loss Aversion, and Status Quo Bias » *The Journal of Economic Perspectives*, vol. 5, n°1, 1991) ont démontré cette différence de traitement des biens selon leur destination. Dans une série d'expériences, ils simulent un marché en distribuant aux participants des jetons convertibles en argent à la fin du jeu. Les jetons distribués au hasard ont une valeur différente pour chaque participant. Chaque joueur a intérêt à se débarrasser des jetons qui ont peu de valeur pour lui et à les troquer contre des jetons qui ont plus de valeur. Ce jeu débouche sur des résultats à peu près conformes à la théorie des choix rationnels ; les prix demandés et offerts se rapprochent pour trouver un équilibre.

Lorsqu'on transforme le jeu en négociation pour l'achat ou la vente d'une tasse à café élégamment décorée avec le blason de l'Université, le marché ne fonctionne plus du tout aussi bien. La moitié des joueurs auxquels on a donné une tasse rechigne à la vendre aux joueurs qui en sont privés. Le volume d'échange s'effondre, et le marché reste bloqué sur un excès de demande.

Cette différence de traitement entre biens d'usage et biens d'échange est aussi bien documentée par les enquêtes comparant le comportement de collectionneurs ou brocanteurs professionnels et celui des amateurs, ou encore l'écart entre les prix de vente fixés par des professionnels de l'immobilier et les prix fixés par les particuliers. Amateurs et particuliers sont sujets à l'effet de dotation. Les professionnels ne le sont pas, car ils considèrent les biens en question comme de simples instruments de commerce.

4. La différence de réaction aux baisses et aux hausses de prix

Pour la théorie des choix rationnels, il existe une fonction de demande continue. L'élasticité de la demande en un point de cette demande est unique, elle indique le pourcentage de variation de la quantité demandée en réaction à une variation marginale du prix de vente à la hausse ou à la baisse. Mais, dans la réalité, l'élasticité n'est pas la même si le prix de vente augmente ou s'il diminue. On a pu mettre en évidence que l'effet des hausses de prix sur la demande est en moyenne deux fois supérieur à celui des baisses de prix. Cela correspond à peu près au taux moyen d'aversion à la perte mis en évidence par l'économie comportementale. La baisse de prix entraîne un gain par rapport au point de référence (l'ancien prix). La hausse, de son côté, entraîne une perte par rapport au point de référence. En raison de l'aversion à la perte, la douleur de la mauvaise nouvelle (hausse) est en moyenne deux fois plus intense que le plaisir de la bonne nouvelle (baisse).

La « loi de la demande » continument décroissante en fonction du prix est donc une fiction[2].

5. L'aversion à l'échec et le « sophisme de l'amortissement »

L'aversion à l'échec est une variante de l'aversion à la perte. En raison de cette dernière, nous consacrons souvent plus d'énergie à éviter les échecs qu'à améliorer une performance. Le point de référence d'un individu est parfois constitué par un objectif qu'il s'est fixé (ou qu'on lui a fixé). Dans ce cas, l'individu semble plus disposé à redoubler d'effort si la réalisation de l'objectif est compromise, qu'à profiter de circonstances favorables pour dépasser l'objectif. Ce comportement viole le postulat de rationalité économique. Pour un calculateur rationnel, le temps et l'énergie devraient être affectés en priorité aux activités qui ont le taux de rendement relatif (rapport effort/résultat) le plus élevé.

L'aversion à l'échec conduit parfois au **déni de l'échec**, c'est-à-dire au refus de reconnaître une contreperformance, une erreur d'investissement, et d'en tirer les conséquences rationnelles. La rationalité économique suppose que l'on sache tirer un trait sur les erreurs passées. Les économistes résument cela par une maxime : *sunk costs are sunk* ! Autrement dit, ce qui est perdu est perdu et ne doit plus être

© Hachette Livre – La photocopie non autorisée est un délit.

2. Bruce G. S. Hardie, Eric J. Johnson, Peter S. Fader. « Modeling Loss Aversion and Reference Dependence Effects on Brand Choice », *Marketing Science*, 1993.

pris en considération pour les décisions à venir. À chaque instant, le choix rationnel ne doit prendre en considération que les coûts et avantages présents et à venir associés aux différentes options possibles.

À l'opposé de cette démarche rationnelle, il est fréquent que des individus ou des institutions soient victimes du **sophisme de l'amortissement** : le décideur veut amortir le temps, l'argent et l'énergie déjà investi dans un projet qui lui a coûté tellement cher, mais qu'il serait plus raisonnable d'abandonner pour limiter les pertes et saisir de nouvelles et meilleures opportunités. Comme le joueur qui perd toujours plus dans l'espoir de « se refaire », certains décideurs remettent de l'argent dans des projets ratés pour tenter de justifier et d'amortir tout ce qu'ils ont déjà investi. C'est là une comptabilité insensée, du point de vue économique. Les coûts perdus ne s'amortissent pas : ils sont irrécupérables et ne peuvent que s'aggraver si l'on déploie de vains efforts pour les récupérer.

Mais les êtres humains réels tiennent aussi des comptes mentaux dans lesquels ils ne calculent pas de la même manière qu'un *homo œconomicus*. Ils ont des points de référence en termes d'objectifs qui déterminent ce qu'ils considèrent comme un échec ou une réussite, ils redoutent la blessure symbolique de l'échec avoué et reconnu, car ils comptent souvent plus en points d'honneur qu'en unités monétaires.

Ainsi, comme le montre cette dernière section du présent chapitre, les biens cognitifs révélés par l'économie comportementale n'affectent pas que les choix et les préférences du consommateur. L'aversion à l'échec et le sophisme de l'amortissement induisent des comportements irrationnels en matière de production et d'investissement. Comme nous n'y reviendrons pas dans les chapitres suivants, il importe de se souvenir que les limites du modèle de l'agent rationnel représentatif s'appliquent aussi bien à la théorie de l'offre qu'à celle de la demande.

3 chapitre

Introduction à la théorie de l'offre

I. Les objectifs du producteur

A– Le profit et les autres objectifs

Rappelons que l'hypothèse fondamentale de toute l'analyse microéconomique est celle de la ***rationalité***. Les individus, qu'ils agissent en tant que consommateurs ou en tant que producteurs, recherchent donc le maximum de satisfation ou d'utilité. Pour disposer d'un objectif un peu plus opérationnel en vue d'expliquer le comportement des producteurs, il faut donc préciser quelles sont les sources de satisfaction de ces derniers (le contenu de leur fonction d'utilité).

La théorie microéconomique élémentaire fait en la matière une hypothèse très simple : la source de satisfaction unique du producteur est le profit ; son objectif est donc la maximisation du profit. Précisons que le concept économique de profit est différent du concept comptable de bénéfice. Le bénéfice comptable d'une entreprise sert en partie à rémunérer le travail des entrepreneurs et les capitaux qu'ils ont investis dans l'entreprise. Or, pour l'analyse économique, le travail et les capitaux des entrepreneurs sont des facteurs de production comme les autres ; leur rémunération est donc un ***coût*** et non un ***profit*** ; le profit correspond au ***revenu résiduel*** de l'entreprise : ce qui reste quand elle a rémunéré ***tous*** les facteurs de production, y compris le temps que les actionnaires consacrent à la gestion et les capitaux qu'ils ont investis.

Les critiques ne manquent pas au sujet de l'irréalisme de l'hypothèse de maximisation du profit. Il paraît en effet raisonnable de penser que les producteurs recherchent d'autres satisfactions : le prestige, la reconnaissance du public, la qualité des relations avec leur personnel, le pouvoir, etc. Ces autres objectifs peuvent exiger des actions parfois contradictoires avec la maximisation du profit : accroître la taille de l'entreprise, améliorer les salaires, engager des dépenses de prestige ou de communication, etc.

La plupart des économistes sont disposés à reconnaître l'existence d'autres objectifs, mais, comme nous le verrons plus loin, cela ne conduit pas à remettre en cause l'hypothèse élémentaire de la maximisation du profit.

B – La séparation propriété-gestion

Une autre objection s'est développée, au XXe siècle, avec l'apparition des grandes firmes de type « managérial », c'est-à-dire où la direction effective, au jour le jour, est assurée par des managers salariés de l'entreprise et non plus directement par les propriétaires du capital. Le profit est l'objectif de ceux qui sont titulaires du revenu résiduel : les capitalistes. Mais pourquoi en irait-il de même pour des salariés ? Les managers peuvent être incités à user de leur pouvoir de décision pour atteindre leur objectifs propres : prestige personnel, puissance, solutions de facilité, paix sociale dans l'entreprise, beaux bureaux, etc. La poursuite de ces fins personnelles peut engendrer des coûts qui réduisent les profits des propriétaires.

Bien entendu, l'autonomie des managers n'est pas sans limite; en dernière analyse, leur marge de manœuvre dépend de l'intensité du contrôle effectué par les propriétaires. Mais ce contrôle peut être particulièrement coûteux pour de grandes entreprises aux activités variées et dont le capital est dispersé entre un grand nombre de propriétaires. Un petit actionnaire est en effet peu incité à contrôler efficacement la gestion du manager parce que :

- le contrôle est coûteux ;
- lui-même a peu de poids dans les décisions de l'assemblée générale des actionnaires et devra engager un processus de négociation coûteux pour réunir une majorité partageant son diagnostic sur la gestion de l'entreprise ;
- l'impact d'une meilleure gestion de l'entreprise sur ses bénéfices personnels est d'autant plus faible que sa part dans le capital est faible ;
- au total, donc, la rentabilité d'un contrôle efficace de la gestion des dirigeants peut ne pas compenser le coût élevé qu'il implique.

Le développement de grandes entreprises au capital dispersé entre un grand nombre d'actionnaires pourrait donc étendre la marge de manœuvre des dirigeants salariés et remettre en cause l'hypothèse de maximisation du profit. Toutefois, cette hypothèse reste largement acceptée.

C– La justification de l'hypothèse de maximisation du profit

Aux différentes critiques évoquées ci-dessus, on peut opposer quelques réponses usuelles :

- le profit est une condition préalable à la poursuite d'autres objectifs ;
- les managers salariés sont contrôlés par la Bourse ;
- le capitalisme actionnarial a remplacé le capitalisme managérial ;
- l'hypothèse est relativement performante dans l'explication du comportement des dirigeants des entreprises.

→ Le profit : condition préalable à la poursuite d'autres objectifs

La plupart des autres objectifs envisageables de l'entrepreneur (prestige, reconnaissance du public, qualité des relations avec le personnel, pouvoir, etc.) seront facilités si l'entreprise réalise des profits importants. En revanche, à long terme, si l'entreprise ne fait pas de profit, elle est condamnée à disparaître et aucun autre objectif ne peut plus être poursuivi. Cette première réponse amènerait donc à admettre que la poursuite d'autres objectifs suppose toujours, à titre d'objectif intermédiaire, la recherche d'un ***profit minimum*** mais sans doute pas du ***profit maximum***.

Mais, si l'entreprise est en situation de concurrence, cette dernière nuance perd de sa pertinence. La concurrence pousse en effet les entrepreneurs qui ont d'autres priorités à rechercher malgré eux le maximum de profit. Sur le marché, les entreprises qui cherchent le maximum de profit auront la productivité la plus forte, les coûts les plus faibles, un accès plus facile aux financements externes ; elles pourront pratiquer des prix plus bas que les entreprises ne donnant pas la priorité à la profitabilité et attirer vers leur produit une part croissante de la clientèle ; à long terme, seules survivront les entreprises qui ont donné la priorité à la recherche du profit.

→ Le contrôle des dirigeants salariés par la Bourse

Tout d'abord, notons que la divergence d'intérêt entre propriétaires motivés par le profit et managers salariés est en partie réduite par un intéressement financier des dirigeants aux résultats de l'entreprise. Par ailleurs, ce problème ne se pose sérieusement que dans les très grandes entreprises dont le capital est dispersé entre les mains d'un grand nombre d'actionnaires. Or, ce type d'entreprise est le plus souvent coté en Bourse, c'est-à-dire sur le marché d'occasion des actions et obligations.

© Hachette Livre – La photocopie non autorisée est un délit.

La cotation en Bourse reflète au jour le jour la façon dont les investisseurs jugent la performance de l'entreprise : si l'entreprise réalise des profits élevés, son action sera très demandée sur le marché et la cote montera ; inversement, si les résultats sont médiocres, le cours de l'action baissera ; à long terme, l'expérience indique que la corrélation entre cours en Bourse et profits est réelle. Cela a deux conséquences qui atténuent la divergence d'intérêt entre propriétaires et gestionnaires :

1°) ***La cotation en Bourse réduit le coût de contrôle de la gestion*** pour les petits actionnaires : la simple lecture du journal les informe sur la façon dont le marché – c'est-à-dire notamment les analystes financiers professionnels qui gèrent d'importants portefeuilles de valeurs mobilières – évalue la performance des dirigeants de l'entreprise.

2°) ***Le risque d'OPA :*** les dirigeants qui laissent les profits diminuer provoquent à terme une baisse du cours de l'action en Bourse et accentuent ainsi le risque d'une prise de contrôle de l'entreprise par de nouveaux propriétaires. En effet, le cours de l'action étant à la baisse, des investisseurs estimant que ce recul ***reflète une mauvaise gestion*** seront incités à racheter à bas prix un nombre d'actions suffisant pour prendre le contrôle de l'entreprise, et à ***changer ensuite l'équipe dirigeante*** pour redresser les profits.

Ainsi, par l'intermédiaire de la Bourse, les dirigeants de l'entreprise sont sous l'étroite et peu coûteuse surveillance de leurs actionnaires et d'éventuels acquéreurs. La maximisation du profit, qui maintiendra le cours de l'action à un niveau élevé, rassurera les actionnaires, et dissuadera les tentatives de prise de contrôle ; elle apparaît ainsi pour le dirigeant salarié comme le moyen de conserver son pouvoir. L'intérêt des actionnaires et des managers est donc largement convergent.

→ Le capitalisme actionnarial a remplacé le capitalisme managérial

Depuis les années 1990, la déréglementation financière, l'intensification de la compétition internationale et la généralisation du capitalisme ont radicalement transformé le rapport de force entre managers et actionnaires, à l'avantage des seconds. La libre circulation des capitaux et la multiplication des opportunités d'investissement à l'échelle planétaire offrent aux détenteurs et gestionnaires des capitaux le pouvoir d'exiger un management conforme à leurs intérêts, sous peine de délocalisation du capital. Dès lors, les méthodes de management ont été repensées en vue de donner la priorité à la « création de valeur pour l'actionnaire », qui passe par la maximisation du taux de rendement des capitaux investis et de la valeur boursière de la firme. Les méthodes de rémunération des managers ont évolué (stock-options, bonus variables) en sorte de lier strictement l'intérêt des managers à celui des actionnaires. Dans ce contexte, il est devenu réaliste de considérer le profit comme l'unique finalité de la gestion des firmes. Le profit n'est même plus un « revenu résiduel » aléatoire ; il constitue la rente exigible *a priori* qui conditionne la mise à disposition du capital. Ce sont donc les rémunérations des autres parties prenantes (salariés, fournisseurs, sous-traitants et services publics) qui constituent un revenu résiduel (ce qui reste une fois payé la rente du capital).

→ L'hypothèse est relativement performante

Bien entendu, les arguments qui précèdent restent très généraux, et l'hypothèse de maximisation du profit ne suffit pas toujours à rendre compte très précisément du ***fonctionnement interne*** d'une grande entreprise. Mais la question est de savoir ce que l'on attend au juste de cette hypothèse.

Il s'agit ici uniquement de prédire et d'expliquer le comportement d'un producteur capitaliste en matière d'utilisation des facteurs de production, de volume produit, de prix et d'investissement.

Or, la plupart des résultats admis et vérifiés concernant les décisions des firmes capitalistes s'appuient sur une vision extrêmement simple du producteur comme un agent cherchant à maximiser le profit. Cette hypothèse est retenue dans la plupart des modèles tout simplement parce qu'elle est performante, c'est-à-dire qu'elle permet souvent de prévoir correctement comment réagiront les entreprises face à des situations aussi diverses qu'une baisse de la TVA, une réduction de la demande, un droit de douane, un choc pétrolier, etc.

II. L'offre du producteur

Nous nous contentons ici d'introduire au problème de l'offre, en mettant en évidence ses éléments déterminants dont l'analyse sera développée dans les chapitres suivants.

A– Le concept d'offre

L'offre du producteur est ***la quantité de biens ou services qu'il est disposé à produire et à vendre sur le marché***. Un producteur rationnel offre une quantité de produits qui lui assure le ***profit maximum*** ; l'offre dépend donc de l'ensemble des paramètres qui affectent l'évolution du profit quand la quantité produite varie.

© Hachette Livre – La photocopie non autorisée est un délit.

L'analyse de la décision d'offre est plus complexe que celle de la décision de demande examinée dans les chapitres précédents. En effet, pour le demandeur d'un bien, il s'agit simplement de choisir entre acheter ou ne pas acheter le bien. Mais, pour le producteur qui offre un bien sur le marché, il ne s'agit pas seulement d'accepter ou de refuser la vente à un certain prix car, pour offrir un bien, il faut d'abord le produire en utilisant du travail, du capital et des matières premières. La décision d'offre implique donc, pour le producteur, plusieurs choix simultanés :

1°) le choix du ***volume de production qui maximise le profit*** ;
2°) le choix des ***techniques de production*** ;
3°) le choix du ***volume optimal des facteurs de production*** (travail et capital).

Pour développer une théorie de l'offre, nous aurons donc besoin d'une théorie de la production et du choix des facteurs de production (qui seront développées au chapitre 4).

Pour engendrer un profit, les biens offerts ne doivent pas seulement être produits, ils doivent aussi être vendus. Mais, à proprement parler, le producteur ne choisit pas de vendre sa production ; sa décision d'offre porte sur la production ; il choisit une quantité qui maximise son profit ***et*** qui correspond à une demande anticipée par lui sur le marché considéré. C'est l'état de la demande effective (constatée) qui va déterminer la production finalement vendue.

Éventuellement, les choix du producteur peuvent engendrer une ***offre excédentaire***, c'est-à-dire un écart entre son offre et la demande effective pour son produit. L'analyse microéconomique élémentaire néglige cet éventuel problème de débouchés – qui sera, en revanche, au cœur du débat macroéconomique.

Ici, quand nous parlons d'offre, il s'agit d'une offre conditionnelle, ou encore « notionnelle » (expression proposée par R. Clower en 1965) : nous désignons la quantité optimale que le producteur ***souhaiterait offrir***, à un certain prix et dans le cas où ***il y aurait une demande*** suffisante pour absorber cette quantité.

B– Les facteurs déterminants de l'offre

L'offre optimale est celle qui maximise le profit. Or le profit est égal à la différence entre les recettes et les coûts. En conséquence, l'offre dépend des prix de vente (qui déterminent les recettes) et des coûts de production.

1. La relation offre-prix de vente

L'évolution des recettes dépend du prix de vente du bien offert. Il nous faut ici distinguer deux cas de figure, selon que le prix de vente est une donnée constante ou une variable de décision pour l'entreprise.

- ***Si l'entreprise est un monopole*** à l'abri de toute concurrence (seul producteur présent sur son marché), elle dispose d'une marge de manœuvre réelle dans la fixation de son prix de vente. Dans ce cas, le prix est moins un facteur explicatif de l'offre qu'un élément de la décision d'offre elle-même : le monopole met à la disposition du marché (offre) une combinaison quantité-prix de vente qui maximise son profit (*cf.* chapitre 5, section 2).
- ***Si en revanche l'entreprise est soumise à une forte concurrence,*** elle ne peut fixer un prix différent de celui qui est pratiqué par ses concurrents. Dans ce cas, le prix de vente est une donnée déterminée, nous le verrons, par l'équilibre entre l'offre totale et la demande totale sur ce marché. L'entreprise concurrentielle choisit seulement la quantité qui maximise son profit ; cette quantité est une fonction croissante du prix : toutes choses étant égales par ailleurs, quand le prix de marché s'élève, la production devient plus profitable et il est rationnel d'augmenter l'offre (ce résultat sera démontré au chapitre 5, section 1).

On peut mesurer l'intensité de la relation offre-prix par l'élasticité :

L'élasticité-prix de l'offre d'un bien est égale au rapport entre le pourcentage de variation de la quantité offerte et le pourcentage de variation du prix.

On peut illustrer la relation entre quantité offerte et prix par une courbe d'offre. Sur la figure 17, nous représentons trois types d'offre : une offre « normale », ***croissante et élastique*** par rapport au prix (figure 17-b), encadrée par deux cas extrêmes : offre ***rigide*** (insensible au prix, figure 17-a), offre ***parfaitement élastique*** (élasticité-prix = ∞, figure 17-c).

(N.B. : Toutes les observations purement techniques ou mathématiques effectuées à propos de l'élasticité de la demande peuvent s'appliquer à l'élasticité de l'offre. *Cf.* chapitre 2).

© Hachette Livre – La photocopie non autorisée est un délit.

Université d'Aix-Marseille

Figure 17-a

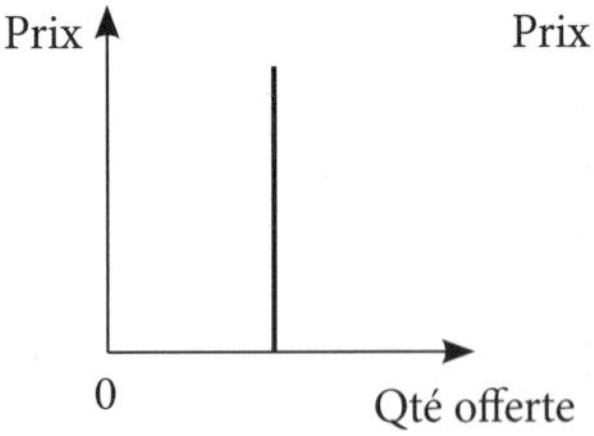

Figure 17-b

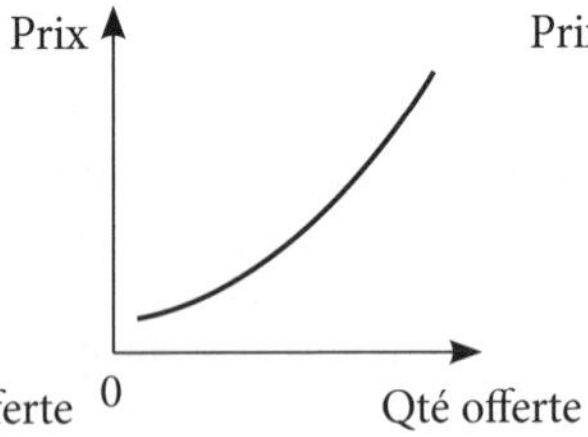

Figure 17-c

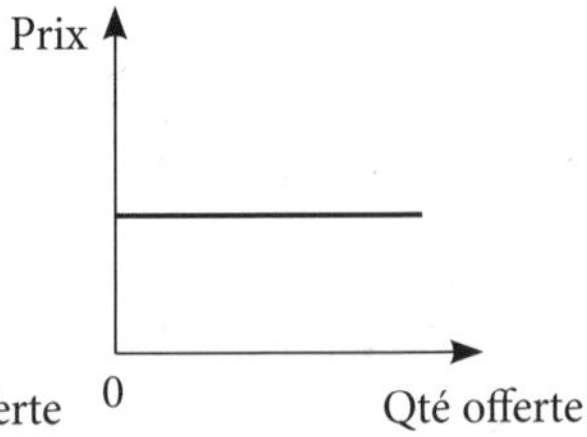

2. L'offre dépend des coûts de production

L'idée selon laquelle la quantité offerte d'un bien augmente avec son prix de vente paraît intuitivement raisonnable. Pourtant, il n'en va pas nécessairement ainsi. La courbe d'offre est croissante sous certaines conditions qui tiennent à l'évolution des coûts de production. Nous verrons au chapitre 5 qu'en règle générale, une hausse de la production élève les coûts unitaires de production. Dans ces conditions, un développement de la production n'est rationnel que si le prix de vente augmente assez pour au moins compenser la hausse des coûts et maintenir le profit.

Quand on se déplace de gauche à droite le long de la courbe d'offre 17-b, on lit la hausse de prix que le producteur maximisant son profit exige pour compenser la hausse des coûts. Plus cette dernière est rapide, plus la hausse de prix exigée par l'entreprise est forte, plus la courbe d'offre se rapproche de la verticale ; ***à la limite***, la hausse des coûts peut atteindre un rythme tel qu'aucune hausse des prix (non infinie) ne peut inciter l'entreprise à relever sa production ; la courbe d'offre est alors verticale (figure 17-a) : la production offerte est rigide par rapport au prix.

En sens inverse, plus le rythme de progression des coûts de production est faible, plus la hausse de prix exigée par l'entreprise pour développer sa production est faible, plus la courbe d'offre se rapproche de l'horizontale ; ***à la limite***, si les coûts de production sont constants ou décroissants, l'entreprise améliore son profit en produisant davantage à un prix inchangé, elle est donc disposée à augmenter indéfiniment sa production sans exiger une hausse du prix de vente ; la courbe d'offre est horizontale (figure 17-c).

L'évolution des coûts de production joue donc un rôle essentiel dans la détermination de l'offre. C'est à leur étude que sera principalement consacré le chapitre suivant.

chapitre 4

Théorie de la production et des coûts

Pour maximiser le profit, le producteur doit minimiser les coûts de production, et donc tirer le meilleur parti des deux ***facteurs de production*** : travail et capital ; plus leur productivité est élevée, plus le coût de production est faible.

- ***En courte période, un seul facteur*** de production, le plus souvent le travail, est variable, et sa productivité est gouvernée par la ***loi des rendements décroissants*** : étant donné le stock limité du facteur fixe, et l'absence d'évolution technologique, la ***productivité marginale*** et la ***productivité moyenne*** du facteur variable finissent nécessairement par décroître (et donc le ***coût marginal*** et le ***coût moyen*** par augmenter) quand on développe la production. Le producteur rationnel pousse l'utilisation du facteur variable au moins jusqu'à la phase des rendements décroissants ; au-delà, il détermine la quantité de facteur employé en égalisant la productivité marginale et le prix du facteur.
- ***En longue période, tous les facteurs*** sont variables ; le producteur peut alors desserrer la contrainte des rendements décroissants, en augmentant le travail ***et*** le capital. Tout d'abord, il doit optimiser la combinaison capital/travail en égalisant leurs productivités marginales pondérées par leurs prix. Ensuite, il cherche à atteindre l'***échelle minimum efficace (EME)***, où le coût moyen de longue période est minimum, en augmentant les deux facteurs dans les mêmes proportions (***rendements d'échelle*** croissants ou ***économies d'échelle***). Une fois épuisées les possibilités offertes par les économies d'échelle, le producteur peut agir sur la technique de production. Éventuellement, en modifiant la proportion des facteurs et donc en substituant un facteur à un autre, il peut abaisser sa courbe de coût moyen en longue période (***rendements de substitution*** croissants).

I. Productivité et coûts en courte période

A– Concepts et définitions

1. Facteurs et fonction de production

On appelle « ***fonction de production*** » la relation qui associe la quantité produite à celle des différents éléments ou « facteurs » nécessaires à cette production.

On distingue le plus souvent deux ***facteurs de production*** :

- le ***travail***, que l'on désigne en général par la lettre L (de l'anglais *labor*) ;
- et le ***capital***, représenté par la lettre K. Le capital comprend tous les biens durables (outils, machines, terrains, bâtiments, etc.) utilisés par le producteur pour produire d'autres biens.

La ***fonction de production*** d'un bien X s'écrit alors : $X = X(K,L)$.

Il existe cependant un débat sur le nombre des facteurs de production. Faut-il considérer un facteur terre ou ressources naturelles, ou encore un facteur énergie ? Le progrès technique est également souvent retenu comme l'un des arguments de la fonction de production. Il s'agit d'une question complexe qui reflète pour une bonne part la difficulté empirique à expliquer l'évolution effective de la production (la croissance) uniquement par l'évolution quantitative des facteurs K et L. De nombreuses études empiriques (notamment celle de Denison aux États-Unis, ou de Carré, Dubois et Malinvaud en France) ont montré l'existence statistique d'un facteur résiduel important, c'est-à-dire qu'il existe une fraction du taux de croissance qui ne peut être attribuée directement aux deux facteurs K et L.

Toutefois, les ressources naturelles n'ont pas d'existence économique véritable avant leur mise en exploitation grâce à l'utilisation de travail et de capital. On peut par ailleurs estimer le progrès technique comme une amélioration dans la qualité d'un facteur ou de l'ensemble des facteurs de production. Aussi, sur le plan théorique et en première approximation, l'économiste se contente-t-il souvent des deux facteurs travail et capital.

2. Courte période et longue période

Depuis Alfred Marshall (1842-1924), l'étude des décisions de production distingue la courte période et la longue période. Cette dictinction repose sur le degré de flexibilité des facteurs de production.

En courte période, un seul facteur de production est variable. En longue période, tous les facteurs sont variables.

Le plus souvent, on admet que le facteur variable à court terme est le travail. Ce choix ne correspond à aucune nécessité théorique, mais à un constat : en général, l'entreprise peut adapter le volume de travail plus rapidement que celui du capital. Souvent, en effet, il est plus aisé de recourir aux heures , au travail temporaire, au chômage technique ou encore aux licenciements, que de modifier les équipements et les techniques utilisés dans l'entreprise.

Il ne faut pas interpréter la courte période comme une période durant laquelle ***il est impossible*** d'ajuster le facteur fixe, mais comme une période durant laquelle ***il n'est pas rationnel*** de l'ajuster. Modifier tous les facteurs de production revient à changer l'« échelle » (la capacité) de production permanente de l'entreprise (ou encore sa taille). Cette échelle doit être adaptée au régime de production habituel de l'entreprise ; on peut la modifier si l'on est confronté à une variation et du volume de production. En revanche, si la variation de la production est, il est irrationnel de transformer la taille et les équipements de l'entreprise ; il faut adopter la méthode d'ajustement ***la moins coûteuse*** et ***la plus réversible*** ; c'est-à-dire celle qui permet aussi de procéder rapidement à un nouvel ajustement en sens inverse et à moindre coût. Il se trouve que, le plus souvent, les entreprises estiment l'ajustement du facteur travail moins coûteux et plus réversible que celui des équipements et des techniques de production.

3. Le produit total (PT) et le produit moyen (PM)

Le produit total d'un bien X est la quantité produite de ce bien (PT = X).

Le produit total est le résultat des contributions des deux facteurs à la production de la firme. Pour mesurer ces contributions, on a recours au concept de ***productivité*** : productivité du travail et productivité du capital.

© Hachette Livre – La photocopie non autorisée est un délit.

Le produit moyen (ou productivité moyenne) d'un facteur de production mesure la quantité produite par unité de facteur employé.

Le produit moyen du travail et celui du capital sont donc, respectivement :

$$PML = X/L \text{ et } PMK = X/K.$$

- La quantité de **travail** est généralement mesurée en heures de travail ou en effectifs employés dans l'entreprise. Une mesure empirique simple de PML est donc fournie par les ratios :

$$PML = \frac{\text{Valeur ajoutée}}{\text{Nombre d'heures de travail utilisées}} = \text{produit par heure.}$$

$$PML = \frac{\text{Valeur ajoutée}}{\text{Effectifs employés}} = \text{produit par tête.}$$

- Pour le **capital**, il n'existe pas d'unité de mesure physique homogène ; on ne peut le mesurer que par la valeur des biens de production utilisés par l'entreprise. On peut ainsi calculer :

$$PMK = \frac{\text{Valeur ajoutée}}{\text{Valeur brute des immobilisations}}.$$

Ci-dessous, nous raisonnerons en termes abstraits, en parlant d'une unité de facteur sans préciser la nature concrète de cette unité. Cette précision est sans importance pour notre analyse théorique, et nous n'aborderons pas davantage les problèmes posés par la mesure empirique de la productivité.

Précisons toutefois que toute estimation de la productivité ***d'un seul*** facteur ne donne qu'une mesure ***apparente*** de sa productivité. En effet, la production étant le résultat de la combinaison de plusieurs facteurs, en rapportant le produit total à la quantité d'un seul facteur on fait ***comme si*** toute la production était imputable à ce seul facteur. Il faut donc interpréter correctement cette estimation comme un indicateur de la performance globale d'une entreprise et non comme une mesure de la contribution propre du facteur à cette performance. Ainsi, la productivité horaire du travail indique la production réalisée en moyenne avec une heure de travail ***et*** l'ensemble des moyens de production mis à la disposition des travailleurs ; elle est mesurée pour un stock de capital donné, et serait différente si la quantité de capital disponible était différente. On comprend déjà que le rapport capital/travail (K/L), appelé aussi ***coefficient d'intensité capitalistique***, est un déterminant essentiel de la productivité.

4. Le produit marginal (Pm)

Le produit marginal ou productivité marginale d'un facteur de production parfaitement divisible mesure la variation de la quantité produite pour une variation infiniment petite (infinitésimale) de la quantité de facteur.

Le produit marginal mesure donc le rythme de variation de X, c'est-à-dire, par définition, la dérivée de la fonction de production par rapport au facteur considéré, soit : $PmL = dX/dL$ et $PmK = dX/dK$.

On appelle aussi Pml et PmK, productivités marginales « physiques », parce qu'elles se rapportent à des quantités produites mesurées en unités physiques, et que l'on doit bien les distinguer d'une productivité marginale « en valeur » mesurant une valeur marchande (en euros) de la production supplémentaire.

→ Remarque mathématique

Si le facteur de production est imparfaitement divisible, le produit marginal mesure la variation de la production liée à l'augmentation de l'unité de facteur la plus petite possible. Par exemple, s'il est impossible d'embaucher et de rémunérer du travail pour moins d'une heure, Pml mesure la variation du produit pour une heure de travail supplémentaire. Dans ce cas, il serait mathématiquement plus correct d'écrire : $PmL = \Delta X/\Delta L$. Cette expression mesure bien, en effet, la variation de la production (ΔX) par unité de travail supplémentaire. Par la suite et par souci de simplicité, nous n'utiliserons que la notation en terme de dérivée. De même, nous emploierons l'expression « une unité supplémentaire » pour indiquer des variations marginales, étant entendu que nous désignons ainsi la variation de l'unité la plus petite qu'il est possible d'envisager, et donc, à la limite, une variation infiniment petite.

5. Coût total, moyen et marginal

Le coût total (C) comprend l'ensemble des dépenses nécessaires à la production d'un volume donné d'un bien.

On le décompose généralement en un coût fixe (CF), indépendant du volume de production et un coût variable (CV), qui est une fonction croissante du volume de production soit : $C = CF + CV$.

Le coût moyen de production (CM) mesure le coût par unité produite.

© Hachette Livre – La photocopie non autorisée est un délit.

On a donc : CM = C/X.

Le coût marginal de production (Cm) mesure la variation du coût total pour une variation infiniment petite de la quantité produite (bien parfaitement divisible), ou bien pour une unité supplémentaire de production (bien imparfaitement divisible).

Le coût marginal mesure donc le rythme de variation de C, c'est-à-dire, par définition, la dérivée de la fonction de coût total par rapport à la production :

Cm = dC/dX.

B– Évolution du produit moyen et du produit marginal

1. La loi des rendements factoriels décroissants

Nous nous situons en courte période ; seul le facteur travail peut varier. Comment évolue la production totale (X), quand on utilise une quantité croissante de travail (L) ? Il est raisonnable de penser que X progresse. Mais à quel rythme ? Ce rythme est mesuré par le produit marginal (PmL). Si PmL est positif et croissant, cela indique que le produit total (X) augmente de plus en plus vite ; si PmL est positif et décroissant, X augmente toujours, mais de moins en moins vite ; enfin, si PmL est négatif, X diminue.

Nous décrivons ces trois phases possibles sur la figure 18 (page suivante). Le produit marginal peut être éventuellement croissant au début d'une phase de production. Imaginons un champ à cultiver sur lequel on embauche chaque jour un ouvrier agricole supplémentaire. La production augmentera probablement plus vite avec deux ouvriers qu'avec un, ou encore avec trois ouvriers qu'avec deux. En effet, au début, le stock de capital (terre, outils, machines, etc.) est gaspillé ; un nombre trop faible de travailleurs ne permet pas de tirer le meilleur parti de la surface cultivée et des équipements disponibles ; éventuellement, on ne peut même pas exploiter toute la surface cultivable ; il y a trop de facteur fixe par ouvrier (le rapport K / L est trop élevé).

Plus généralement, pour tout équipement, pour toute technique, il existe un volume idéal de travail pour lequel la productivité d'une heure de travail est maximale. Tant qu'on n'a pas atteint ce rapport K / L idéal, la productivité d'une heure de travail supplémentaire (le produit marginal) augmente. Mais cela ne peut durer indéfiniment. On atteindra finalement la combinaison

Figure 18

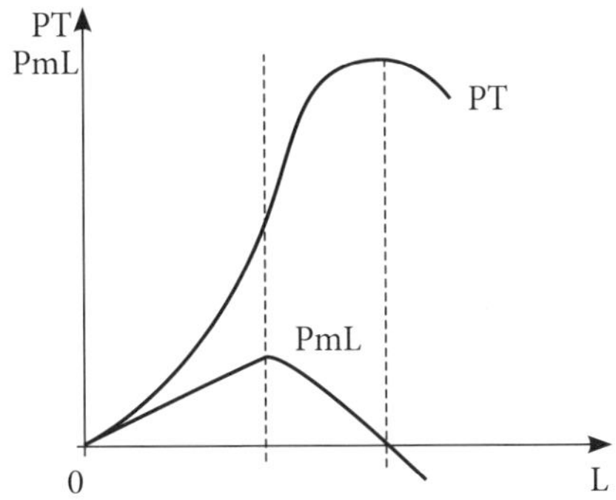

capital-travail pour laquelle la productivité de l'heure est maximale. Au-delà de ce seuil, si l'on augmente la quantité de travail, le produit total continuera à progresser, mais nécessairement moins vite que dans la phase précédente où les facteurs fixes étaient sous-utilisés. Le produit marginal est alors décroissant. À la limite, si l'on continue indéfiniment à embaucher des ouvriers, on pourrait atteindre un stade où il y aurait si peu de terre et d'équipements disponibles par travailleur que la production baisserait au lieu d'augmenter. Dans ce cas extrême, le produit marginal devient négatif.

Nous venons d'expliquer une loi fondamentale de l'analyse économique, la ***loi des rendements décroissants***, dont la première présentation conforme à l'analyse microéconomique contemporaine peut être attribuée au Français Turgot (1727-1781). En voici l'énoncé moderne :

Pour un état donné des techniques, si l'on utilise une quantité croissante d'un facteur de production, tous les autres facteurs étant fixes, la productivité marginale de ce facteur doit baisser à un moment ou à un autre.

➜ Remarques

- On utilise indifféremment les termes « rendement », « produit » ou « productivité », l'important étant de leur adjoindre le qualificatif adéquat : « total », « moyen » ou «marginal ».
- À la différence de l'utilisation qui a pu en être faite par certains économistes classiques du XIXe, cette loi ne décrit pas une fatalité des rendements décroissants à long terme, préjudiciable au développement de l'économie. Les rendements décroissants sont inévitables ***à court terme*** seulement, pour un ***état donné de la technique*** et avec ***un seul facteur variable***. Cette loi est donc parfaitement compatible avec des rendements croissants ***à long terme***, quand le capital et la technologie varient. Il convient donc de bien distinguer les ***rendements factoriels*** (productivité d'un facteur quand un seul facteur varie), qui eux sont décroissants, des ***rendements d'échelle*** (productivité globale des facteurs quand tous les facteurs varient dans les mêmes proportions). Nous y reviendrons plus loin.

© Hachette Livre – La photocopie non autorisée est un délit.

2. La relation entre produit moyen et produit marginal

La loi des rendements décroissants permet de décrire l'évolution attendue du produit marginal. L'évolution du produit moyen est directement déterminée par celle du produit marginal. Il existe, en effet, une relation mathématique nécessaire entre une valeur moyenne et une valeur marginale.

Imaginons, par exemple, la relation entre la note moyenne d'une classe et la note « marginale » d'un nouvel élève rejoignant chaque jour cette classe. Tant que l'élève marginal a une note supérieure à la moyenne, cela fait monter la moyenne; dès que la note marginale est inférieure à la moyenne, cela fait baisser la moyenne. La valeur moyenne est croissante tant que la valeur marginale lui est supérieure; elle diminue quand la valeur marginale lui est inférieure; les deux valeurs sont donc identiques quand la valeur moyenne atteint son maximum. Cette règle conduit à la représentation de la figure 19 : PM croît tant que PmL lui est supérieur; PmL coupe PM en son maximum; PM commence alors à décroître.

Figure 19

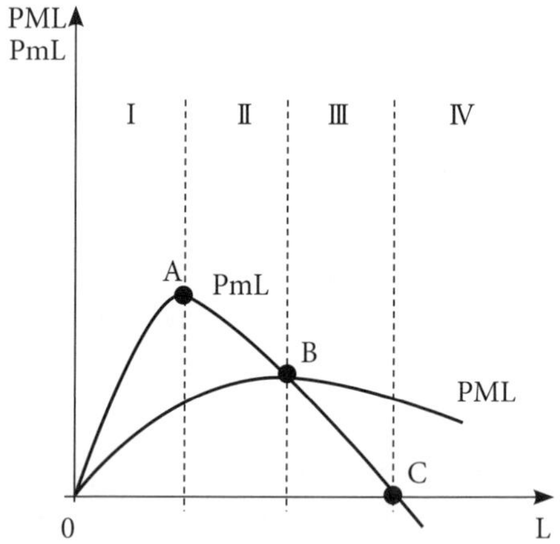

▶ On distingue donc quatre phases de production :

- **Phase I :** PmL et PML sont croissants.
- **Phase II :** PmL est décroissant et PML croissant.
- **Phase III :** PmL et PML sont décroissants et positifs.
- **Phase IV :** PmL est négatif.

3. La phase de production « efficiente »

Deux phases sont inefficaces sur le plan technique (« inefficientes ») :

- Dans la première phase, il n'y a manifestement pas assez de facteur variable pour tirer le meilleur parti des facteurs fixes mis à la disposition des travailleurs : on n'a pas atteint le rapport K/L idéal sur le plan technique. Un producteur rationnel, cherchant un usage efficace de ces facteurs de production, développera donc l'emploi du facteur travail ***au moins*** jusqu'au point où son produit marginal est maximum et devient décroissant (point A).

– La phase IV est également irrationnelle : un producteur rationnel ne poussera jamais l'utilisation du travail au-delà du point où cela réduit la production au lieu de l'augmenter. Il n'ira donc pas au-delà du point où PmL devient négatif (le point C), car alors le produit total diminue.

On peut donc énoncer un résultat essentiel de l'hypothèse de rationalité :

Si les producteurs sont rationnels, la productivité marginale des facteurs de production est toujours décroissante et positive.

Cependant, selon le critère d'efficacité retenu, on peut réduire encore la phase rationnelle. En effet, au point A, le producteur maximise ***l'efficacité marginale*** du travail, mais non pas ***l'efficacité globale***. En effet, s'il pousse l'utilisation du facteur travail au-delà du point A, la productivité des heures de travail supplémentaires est plus faible qu'elle ne l'était au point A (PmL diminue), mais elle reste supérieure à la productivité moyenne de l'ensemble des heures de travail déjà utilisées (cela vient de ce que PML incorpore la très faible productivité des premières heures de travail utilisées au tout début du processus de production). En conséquence, au-delà du point A, le produit moyen augmente encore. L'efficacité maximale de l'ensemble de la force de travail utilisée dans l'entreprise sera atteinte quand le produit moyen est maximal. Autrement dit : si l'entreprise cherche un jour à battre un record de productivité horaire, elle doit se situer au point A ; si sa préoccupation est le profit, elle doit aller au moins jusqu'au point B ; en deçà de ce point, en effet, elle ne tire pas le meilleur parti de l'***ensemble*** du travail disponible ; la phase efficiente se limite donc à la phase III, durant laquelle le produit marginal ***et*** le produit moyen sont décroissants.

→ Remarques complémentaires

En posant une hypothèse supplémentaire sur la fonction de production, on peut établir que seule la phase III est rationnelle. L'hypothèse en question est celle des ***rendements constants à l'échelle*** : si l'on change l'échelle de production, c'est-à-dire le volume utilisé des deux facteurs, sans modifier le rapport K/L, alors la production varie exactement dans les mêmes proportions que la quantité des facteurs de production. Autrement dit : la productivité moyenne globale des facteurs n'est pas affectée par le changement de taille de l'entreprise.

Si cette hypothèse est vérifiée, on démontre que le produit marginal du capital est négatif tant que le produit moyen du travail est croissant. Ainsi, dans la phase II, PmK est négatif. Cela signifie que si l'on pouvait réduire le volume du facteur fixe (K), la production augmenterait. C'est donc le signe d'une sous-utilisation, d'un gaspillage du facteur capital. Un producteur rationnel devrait

© Hachette Livre – La photocopie non autorisée est un délit.

augmenter le facteur variable au moins jusqu'au point B où le produit moyen du travail commence à diminuer (et où PmK redevient positif).

Enfin, si l'usage adopte souvent l'expression « phase rationnelle », seul le terme de « phase ***efficiente*** » est plus correct. En effet, nous verrons plus loin que, dans le cadre d'une stratégie de maximisation du profit à long terme, il peut être rationnel en courte période de se situer dans une phase de produit moyen croissant que nous avons estimée ici inefficiente. Selon le critère retenu, on trouvera donc deux définitions de la phase rationnelle : phases II et III, ou phase III. Cependant ces deux versions débouchent sur une même condition, ***nécessaire*** mais pas toujours ***suffisante***, de la rationalité : le producteur devrait toujours se situer dans une phase où la productivité marginale est positive et décroissante.

Nous verrons bientôt (C. 4) que cette hypothèse est contestable.

C– Évolution du coût moyen et du coût marginal

1. La fonction de coût

Nous avons déjà décrit la fonction de coût, comme la somme d'un coût fixe et d'un coût variable en fonction de la quantité produite : C = CF + CV (X).

En courte période, CF mesure le coût de tous les facteurs fixes, et CV (X) le coût du seul facteur de production variable, c'est-à-dire le coût du travail.

Le coût fixe affecte le niveau du coût total mais il est, par définition, sans effet sur les variations du coût total (c'est-à-dire sur le coût marginal). Ainsi, dès l'instant où l'on s'intéresse, non pas au niveau du coût de production, mais à son évolution, seule la partie variable importe vraiment. Aussi, pour simplifier l'exposé, nous raisonnerons souvent, ci-dessous, en faisant abstraction du coût fixe.

2. La relation entre coût et productivité

Comment évolue le coût total (C), quand on produit une quantité croissante de X ? Il est raisonnable de penser que C augmente. Mais à quel rythme ? Ce rythme est, par définition, le coût marginal (Cm). Or l'évolution du coût marginal est directement déterminée par celle de la productivité marginale.

En effet, en courte période, le seul facteur variable étant le travail, le coût marginal est le coût du travail associé à une variation marginale de la production. Admettons que le facteur travail, au mieux, soit divisible en heures. La productivité marginale est alors la production supplémentaire associée à une heure de travail supplémentaire. Le coût d'une unité supplémentaire de production (Cm) dépend donc de deux éléments :

- le coût de l'heure de travail (le taux de salaire horaire nominal « w ») ;
- la quantité de biens que le travailleur peut produire en une heure de plus (PmL).

Ainsi, pour un taux de salaire horaire donné, fixé sur le marché du travail, plus la quantité produite en une heure de travail supplémentaire est importante et plus le coût de l'unité de production supplémentaire est faible. Autrement dit, plus la productivité marginale du travail (PmL) est forte, plus le coût marginal de production est faible, et inversement. On peut bien entendu tenir le même raisonnement en termes de produit moyen et de coût moyen et établir également une relation inverse entre ces deux variables.

Ainsi, en généralisant, on peut dire :

Pour un prix donné des facteurs de production le coût moyen et le coût marginal varient respectivement en sens inverse de la variation du produit moyen et du produit marginal.

→ Démonstration

Si le salaire est le seul coût variable, et en négligeant le coût fixe, le coût total est le produit du taux de salaire (w) et de la quantité de travail (L) : $C = w \,.\, L$.

Dans ce cas : $CM = C/X = (w \cdot L)/X = w \cdot (L/X)$,

et comme L / X est l'inverse du produit moyen PM = X / L, on a :

$$CM = (w \cdot L)/X = w \cdot (1/PM) = w/PM.$$

Donc, pour « w » donné, ***CM et PM varient en sens inverse.***

On vérifie que, pour w donné par le marché du travail, le coût moyen varie en fonction inverse du produit moyen. On démontre aussi l'existence d'une relation inverse entre Cm et PmL :

$$Cm = dC/dX = d\,(w \cdot L)\,/\,dX = w \cdot (dL/dX)$$
$$= w \cdot (1/PmL) = w/PmL.$$

Donc, pour « w » donné, ***Cm et Pm varient en sens inverse.***

© Hachette Livre – La photocopie non autorisée est un délit.

3. Les courbes de coût moyen et de coût marginal

Sur la figure 20, on peut, grâce à la relation inverse démontrée ci-dessus, déduire les courbes de coûts à partir des courbes de productivité. Quand le produit moyen croît, le coût moyen décroît, et inversement. Quand le produit marginal croît, le coût marginal diminue, et inversement ; à la limite, quand le produit marginal tend vers zéro, le coût marginal tend vers l'infini.

Ainsi la simple observation de la productivité nous donne une information sur l'évolution des coûts de production, et réciproquement. Notons aussi que la loi des rendements décroissants est, de façon équivalente, une loi des coûts marginaux croissants.

Figure 20

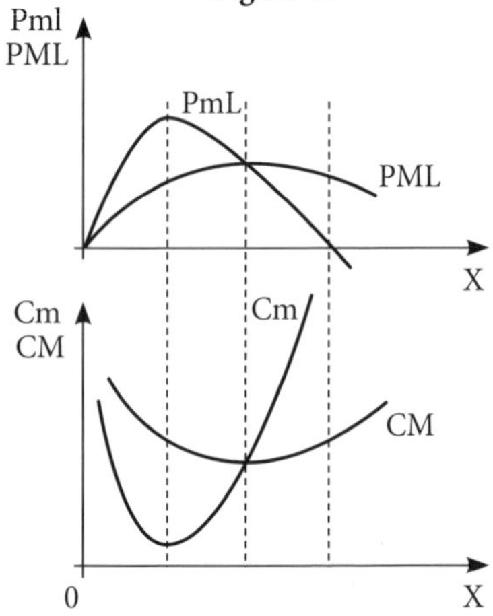

D– La demande de travail

1. La condition d'équilibre du producteur

La « demande de travail » est le volume optimal de facteur travail que le producteur décide d'employer pour un prix donné de ce facteur.

On sait déjà que ce volume optimal doit se situer dans une phase de production où la productivité marginale du travail est décroissante et positive. À l'intérieur de la phase rationnelle, le producteur va retenir la quantité de travail qui maximise son profit.

Tant qu'une heure de travail supplémentaire augmente plus les recettes que les coûts, le profit augmente et le producteur a intérêt à développer l'emploi du facteur travail.

Une heure de travail supplémentaire augmente les recettes d'un montant égal au produit marginal du travail multiplié par la recette associée à chaque unité supplémentaire produite (la « recette marginale », Rm), c'est-à-dire : PmL . Rm. Cette augmentation de la recette associée à l'emploi d'une unité supplémentaire de travail s'appelle la « productivité marginale en valeur », que nous désignerons par PmLV (à ne pas confondre avec la productivité marginale « physique », PmL, qui mesure l'augmentation de la ***quantité*** produite).

Par ailleurs, une heure de travail supplémentaire augmente les coûts d'un montant égal au taux de salaire horaire « nominal », "w" (le montant monétaire inscrit sur la fiche de paye).

Tant que le salaire horaire (w) est inférieur à la productivité marginale en valeur (PmLV), le producteur a intérêt à employer plus de facteur travail, car cela augmente le profit. En revanche, si le salaire est supérieur à PmLV, les profits diminuent et l'employeur a alors intérêt à réduire la quantité de travail utilisé. Le profit maximum est donc atteint quand le revenu retiré par l'entreprise d'une heure de travail supplémentaire est juste égal au salaire horaire.

La condition d'équilibre (de profit maximum) du producteur est donc :

$$w = PmL \,.\, Rm = PmLV.$$

Le salaire nominal doit être égal à la « productivité marginale en valeur ».

PmLV dépend de la recette marginale. La recette marginale, quant à elle, est déterminée par l'évolution du prix de vente sur le marché des biens et services. Supposons que, sur ce marché, l'entreprise soit en situation de concurrence. Comme nous l'exposerons plus en détail au chapitre suivant, cela signifie notamment qu'elle n'a aucun pouvoir sur le prix de vente. Celui-ci est fixé par l'équilibre entre l'offre et la demande sur le marché, et l'entreprise ne peut pas fixer un prix différent. Dans ce cas, la recette marginale de l'entreprise – ce qu'elle gagne pour une unité supplémentaire produite – est égale au prix (nous expliquerons au chapitre suivant pourquoi cela n'est vrai qu'en situation de concurrence).

Dans notre condition d'équilibre du producteur, nous pouvons donc remplacer Rm par le prix (P). On a donc :

$$w = PmL \,.\, P.$$

Si l'on divise les deux côtés de l'équation ci-dessus par "P" on obtient une formulation équivalente de la condition d'équilibre :

$$w/P = PmL.$$

« w/P » mesure le « salaire réel » ou coût réel du travail pour l'employeur. La condition d'équilibre peut donc aussi s'énoncer ainsi :

Le salaire « réel » (w/P) doit être égal à la productivité marginale « physique » du travail (PmL).

© Hachette Livre – La photocopie non autorisée est un délit.

2. La courbe de demande de travail

La courbe de demande de travail décrit comment évolue la quantité de travail « demandée » par le producteur quand le salaire réel varie.

Le producteur étant rationnel, on part d'une situation d'équilibre où w/P = PmL.

- *Si le salaire réel augmente* sur le marché du travail, il devient donc supérieur à la productivité marginale. En maintenant le volume de l'emploi inchangé, le producteur paie désormais les dernières unités de travail employées plus cher que ce que leur utilisation lui rapporte ; il les emploie à perte. Il doit donc faire remonter la productivité marginale et, pour cela, réduire l'emploi du travail (puisque PmL est une fonction décroissante de la quantité de travail).
- Inversement, *si le taux de salaire réel diminue*, il devient inférieur à la productivité marginale ; il faut alors utiliser un volume de travail plus important ; la productivité marginale baisse, mais tant qu'elle reste supérieure au salaire réel, les profits augmentent ; la demande de travail s'accroît donc jusqu'au moment où l'égalité w/P = PmL est à nouveau vérifiée.

Donc :

La demande de travail est une fonction décroissante du salaire réel.

La courbe de demande de travail, représentée sur la figure 21, est tout simplement une courbe de productivité marginale. En effet, à chaque niveau d'emploi (L), elle associe un salaire réel qui, à l'équilibre, doit être égal à la productivité marginale physique (PmL).

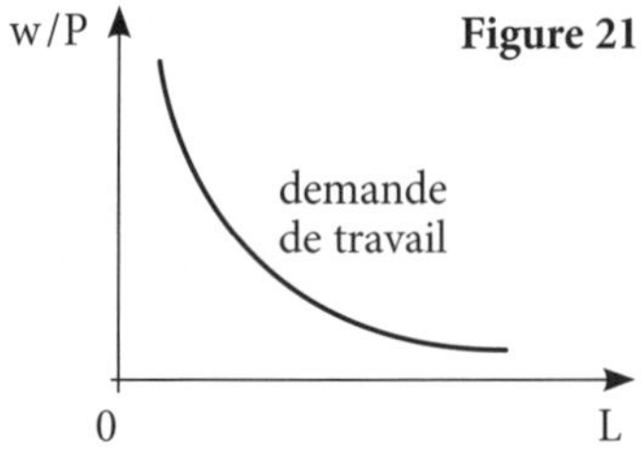

Figure 21

II. Productivité et coûts en longue période

À long terme, tous les facteurs sont variables. Deux nouvelles questions peuvent donc se poser au producteur.

1°) La ***combinaison*** des deux facteurs de production est-elle optimale ?
Si tel n'est pas le cas, il peut substituer du capital au travail ou, inversement, substituer du travail au capital.

2°) La ***taille*** de l'entreprise est-elle optimale ?

Le producteur pourra, par exemple, changer la taille de son entreprise en faisant varier les deux facteurs dans la même proportion ; il procède alors à un simple changement de l'échelle de production sans modifier la part de chaque facteur. Il peut aussi changer de taille en modifiant le rapport capital / travail au profit de l'un ou l'autre facteur ; il procède alors à un changement d'échelle avec substitution.

Trois types de comportements sont donc à étudier en longue période :
- le choix de la combinaison K-L optimale pour un volume de production donné ;
- le changement d'échelle sans substitution ;
- le changement d'échelle avec substitution.

A– Le cadre d'analyse : isoquants et isocoûts

Sur le plan formel, la théorie microéconomique utilise ici un modèle analogue à celui de la théorie des courbes d'indifférence. En effet, à l'instar du consommateur qui choisit entre deux biens X et Y, le producteur, lui, effectue un arbitrage entre deux facteurs K et L. Les courbes d'indifférence vont devenir des « courbes d'isoproduit » ou « isoquants » indiquant les combinaisons capital-travail qui permettent un même niveau de production ; les droites budgétaires deviennent des « droites d'isocoûts » indiquant les combinaisons de facteur possibles pour un budget donné ; bien entendu, l'équilibre du producteur se situera au point de tangence d'une droite d'isocoût et d'un isoquant.

1. Contrainte technologique : les isoquants

Un isoquant est une courbe indiquant l'ensemble des combinaisons de capital (K) et de travail (L) qui, pour un état donné des techniques, permettent de produire une même quantité (Q).

Il y a une infinité d'isoquants, chacun correspondant à un niveau donné de la production. Tout comme les courbes d'indifférence, les isoquants sont décroissants et convexes, et cela reflète la rationalité du producteur. Sur la figure 22, A et B représentent des combinaisons de K et L permettant de produire une quantité identique Q_0 ; C représente une combinaison (K, L) entraînant une quantité Q_1 supérieure à Q_0.

© Hachette Livre – La photocopie non autorisée est un délit.

2. Rationalité et forme des isoquants

Un isoquant est décroissant parce que la productivité marginale des deux facteurs est positive (dans la phase rationnelle de production).

Si la productivité marginale est positive, la diminution d'un facteur tend à réduire la production ; celle-ci ne peut donc rester constante, le long d'un isoquant, que si l'on compense la diminution d'un facteur par l'augmentation de l'autre facteur.

Figure 22

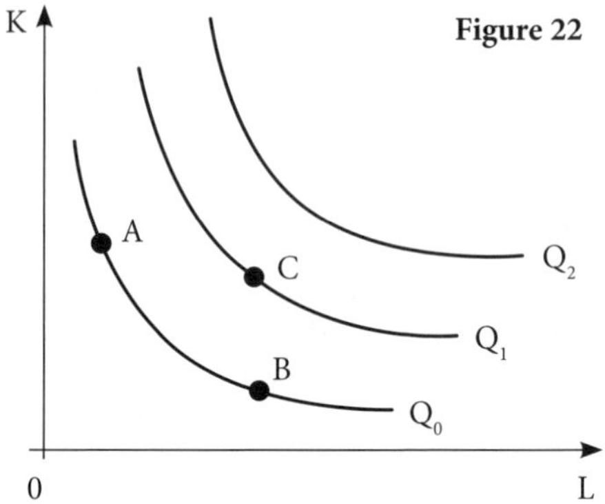

Les quantités des deux facteurs évoluent donc nécessairement ***en sens inverse***, le long d'un isoquant. La courbe est ***décroissante***.

En outre, un isoquant est ***normalement convexe*** (« courbé vers le bas »). En conséquence, ***la valeur absolue de sa pente en chaque point tend à diminuer***, quand on se déplace de gauche à droite le long de la courbe. Concrètement, cela implique qu'une même diminution du capital (K) ne peut être compensée que par une quantité ***croissante*** de travail (L). Pourquoi en va-t-il ainsi ? Parce qu'un producteur rationnel n'utilise les facteurs que dans une phase où la productivité marginale est ***décroissante*** (c'est-à-dire qu'elle varie ***en sens inverse*** de la quantité du facteur).

Ainsi, quand on substitue du travail (L) au capital (K), K est de plus en plus rare et donc sa productivité marginale (PmK) augmente. On se sépare d'un facteur dont la productivité marginale est de plus en plus forte. En conséquence, la production totale tend à diminuer de plus en plus vite, et seule une quantité croissante de l'autre facteur pourra maintenir la production inchangée, d'autant que L étant de plus en plus abondant, sa productivité marginale diminue.

3. Le taux marginal de substitution technique (TMST)

Là encore, sur le plan formel, l'analyse est identique à celle que nous avons déjà développée à propos du consommateur et du taux marginal de substitution entre deux biens.

Le taux marginal de substitution technique (TMST) entre le capital et le travail mesure la variation de la quantité de capital qui est nécessaire, le long d'un isoquant, pour compenser une variation infiniment petite de la quantité de travail.

D'un point de vue mathématique, ce taux est mesuré, au signe près, par la dérivée de K par rapport à L, c'est-à-dire la pente en un point de l'isoquant (rappelons que nous utilisons l'expression « pente en un point » par souci de simplification ; mathématiquement, le terme de « pente » est réservé à la droite tangente à la courbe en ce point). On a déjà expliqué pourquoi cette pente est négative. Toutefois, par convention, les économistes préfèrent exprimer le taux d'échange entre deux facteurs en valeurs absolues ; on ne dit pas que ce taux est –2 ou –3, mais 2 ou 3 ; aussi, ***par convention***, on définit le taux marginal de substitution technique avec un signe « – » placé devant, de sorte que le taux ainsi exprimé soit toujours positif : TMST = (–) dK/dL.

Là encore, nous plaçons le signe « – » entre parenthèses pour souligner sa nature conventionnelle. Le TMST en un point est donc la valeur absolue de la pente de l'isoquant en ce point. Cette convention a le mérite de faire varier le TMST dans le même sens que l'inclinaison constatée de la courbe. En effet, quand la pente dK/dL passe de – 3 à – 2, elle augmente en valeur algébrique (– 2 > – 3) et cependant, l'inclinaison de la courbe diminue ; celle-ci est en effet déterminée par la valeur absolue du rapport dK/ dL et non par son signe qui, lui, indique simplement si la courbe est croissante ou décroissante. En raisonnant en valeur absolue, le TMST diminue en même temps que l'inclinaison de la courbe (2 < 3).

Les isoquants représentent les possibilités techniques offertes par la fonction de production ; ils constituent la contrainte technologique de l'entreprise. Une fois décidé le volume de production qui maximise le profit, l'entreprise ne peut pas réaliser cette production avec n'importe quelle combinaison de capital et de travail, mais seulement avec l'une des combinaisons situées sur l'isoquant correspondant au niveau optimal de production. Cela dit, sur l'isoquant en question, il reste une infinité de combinaisons possibles, parmi lesquelles il faut choisir celle qui permet le coût de production minimal (ou, de façon équivalente, le profit maximal).

4. Contrainte budgétaire : la droite d'isocoût

Le coût total de production C est égal au coût du facteur capital plus le coût du facteur travail. Si l'on désigne par « Pl » le coût du travail et par « Pk » le coût du capital, on a :

$$C = (Pk.K) + (Pl.L).$$

© Hachette Livre – La photocopie non autorisée est un délit.

On peut transformer cette équation de façon à exprimer K en fonction de L, comme c'est déjà le cas pour les isoquants. On a : C = (Pk . K) + (Pl . L) est équivalent à Pk . K = C – (Pl . L), et, en divisant les deux côtés par Pk, on obtient :

$$K = \frac{C}{Pk} - \left(\frac{Pl}{Pk} \cdot L\right).$$

Cette équation est de la forme y = ax + b ; elle est donc représentée par une droite qu'on appelle la « droite d'isocoût », dont la pente est – Pl / Pk.

La droite d'isocoût représente l'ensemble des combinaisons de capital et de travail qu'il est possible de se procurer pour un coût total donné, et pour un prix donné des facteurs.

On peut la tracer simplement, comme la droite budgétaire du consommateur, en cherchant les deux points extrêmes : la quantité maximum de capital que l'on peut acheter pour un coût donné (C), cette quantité étant égale à C/Pk ; puis la quantité maximum de travail que l'on peut acheter et qui est, elle, égale à C/Pl. En joignant les deux points ainsi obtenus, on trace une droite qui représente l'ensemble des combinaisons capital-travail possibles pour un coût total égal à C.

Comme l'indique l'équation, la pente de cette droite est déterminée par le rapport des prix des deux facteurs (Pl/Pk). Quand on achète davantage de travail, la quantité de capital qu'il reste possible d'acheter diminue d'autant plus vite que le travail est cher par rapport au capital (que Pl/Pk, la valeur absolue de la pente, est forte).

Pour un rapport Pl/Pk donné, il existe une infinité de droites d'isocoût parallèles (ayant la même pente) correspondant chacune à un coût total différent.

B– La combinaison optimale des facteurs

1. Détermination du point d'équilibre

Une fois déterminée la quantité de production qui maximise le profit (cf. chapitre suivant), l'entreprise doit choisir, parmi l'ensemble des ***combinaisons techniquement possibles*** décrites par l'isoquant, celle ***dont le coût est minimum***, c'est-à-dire celle qui permet d'atteindre la droite d'isocoût la plus basse.

L'optimum est donc atteint au point de tangence entre l'isoquant et une droite d'isocoût (point E_1 sur la figure 23).

Au point d'équilibre E_1, par définition de la tangence, la pente de la droite (– Pl/Pk) et la pente de la courbe (dK/dL = (–) TMST) sont confondues.

On a donc : – Pl/Pk = – TMST, d'où : TMST = Pl/Pk.

On démontre par ailleurs (*cf. infra*) que le TMST est égal au rapport de la productivité marginale du travail et du capital. En conséquence, au point d'équilibre E_1, on a : TMST = PmL/PmK = Pl/Pk, ce qui est équivalent à : PmL/Pl = PmK/Pk.

Figure 23

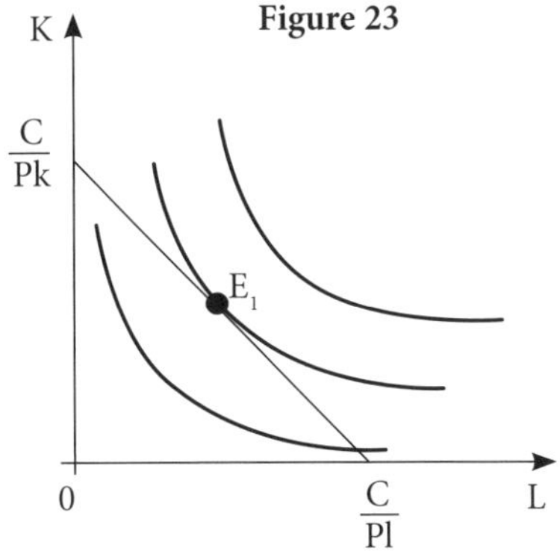

La combinaison capital-travail optimale est telle que les productivités marginales des deux facteurs pondérées par leurs prix sont égales.

En effet, tant que la productivité d'un franc dépensé sur le capital est supérieure à celle d'un franc dépensé sur le travail, le producteur a intérêt à dépenser un franc de plus en capital, et un franc de moins en travail, et ainsi de suite jusqu'à ce que la productivité du franc dépensé soit équivalente pour les deux facteurs.

→ Remarque mathématique

On démontre que le TMST est égal au rapport des productivités marginales. La variation totale de la production « dQ » liée aux variations des quantités "dK" et « dL » peut s'écrire :

$$dQ = (PmK \,.\, dK) + (PmL \,.\, dL).$$

Comme, par définition, sur un isoquant, dQ = 0, on peut écrire :

$$0 = (PmK \,.\, dK) + (PmL \,.\, dL) \Rightarrow PmK \,.\, dK = -\,PmL \,.\, dL,$$

et donc : $PmL/PmK = -\,dK/dL = TMST.$

2. Effets des variations du prix relatif des facteurs

Supposons, par exemple, que le taux de salaire s'élève alors que le prix du capital reste inchangé. Le travail devenant relativement plus cher, le producteur est incité à utiliser moins de travail et plus de capital. En effet, à l'équilibre, avant la hausse du taux de salaire, les productivités marginales pondérées par les prix étaient égales. Après la hausse de Pl, la productivité marginale de l'euro dépensé sur le travail est plus faible que celle de l'euro dépensé sur le capital dont le prix n'a pas

© Hachette Livre – La photocopie non autorisée est un délit.

varié. Le producteur rationnel va donc substituer du capital au travail jusqu'à ce que l'égalité des productivités marginales pondérées par les prix soit rétablie.

3. Le « sentier d'expansion » de la firme

Quand l'entreprise développe le volume de sa production – on dit aussi son « échelle » de production –, elle atteint des isoquants plus élevés vers la droite ; par exemple, les courbes Q_1, Q_2, Q_3 sur la figure 24. Pour chaque niveau de production, la combinaison optimale capital-travail est déterminée par la tangence du nouvel isoquant avec la droite d'isocoût.

La courbe joignant les différents points d'équilibre du producteur, E_1, E_2 et E_3, est dénommée « sentier d'expansion » de l'entreprise ; elle décrit comment évolue la combinaison des facteurs, ***pour un prix relatif des facteurs constant***, quand on développe les capacités de production.

Figure 24

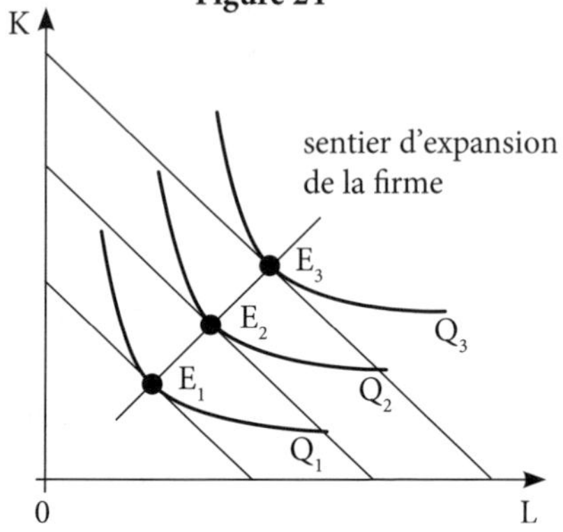

Quand le sentier d'expansion est une droite, les deux facteurs progressent dans les mêmes proportions durant l'expansion de l'entreprise : il s'agit donc d'un changement d'échelle sans substitution. Si le changement de taille s'accompagne de substitutions entre les deux facteurs, le sentier d'expansion aura la forme d'une ligne brisée.

C– Évolution de la productivité et des coûts en longue période

1. Les concepts de rendement en longue période

En longue période, l'entreprise peut tenter d'améliorer ses rendements (sa productivité) en développant ses capacités de production.

- Si elle augmente l'ensemble des facteurs de production dans les mêmes proportions, on dit qu'elle change « d'échelle » ; le rapport K/L reste inchangé ; on étudie alors des « rendements d'échelle ».
- Si l'entreprise modifie son modèle technologique et change la proportion des facteurs, on étudie des « rendements de substitution » car l'entreprise se développe en substituant un facteur à un autre.

On ne peut émettre d'hypothèses *a priori* sur les rendements de substitution, dans la mesure où ils dépendent de l'évolution technologique et de celle du prix relatif des facteurs, qui sont imprévisibles. En revanche, on peut faire des hypothèses sur l'évolution des rendements, à technologie et à prix des facteurs constants, puisqu'ils vont alors dépendre de la rationalité des entrepreneurs. C'est pourquoi l'étude des rendements d'échelle occupe une place plus importante dans l'analyse microéconomique.

Le concept de rendement d'échelle indique comment évolue la production ***en longue période*** quand on augmente la quantité des deux facteurs ***dans les mêmes proportions*** (K/L constant).

Lorsqu'on multiplie les quantités de travail et de capital par un même coefficient quelconque :

– si la production se trouve alors multipliée par le même coefficient, les rendements d'échelle sont dits « constants » ;

– si la production est multipliée par un coefficient plus important, les rendements d'échelle sont dits « croissants » ;

– si la production est multipliée par un coefficient plus faible, les rendements d'échelle sont dits « décroissants ».

On voit donc que le concept de rendement d'échelle mesure en quelque sorte l'évolution de la productivité globale des facteurs quand les capacités de production se développent à long terme. Mais on interprète le plus souvent les rendements d'échelle en termes de coûts. En effet, nous avons montré plus haut que les coûts de production suivent une évolution inverse de celle de la productivité. Des rendements d'échelle croissants correspondent donc à des coûts décroissants à long terme, ou encore à des « économies d'échelle ». Inversement, des rendements d'échelle décroissants indiquent des coûts croissants à long terme, ou encore des « déséconomies d'échelle ».

➜ Remarque mathématique

Les rendements sont constants à l'échelle si la fonction de production est homogène de degré 1. En effet, une fonction homogène de degré h est telle que :

$$f(\lambda K, \lambda L) = \lambda^h f(K, L).$$

- Si $h = 1$, la production est multipliée dans la même proportion que les facteurs : les rendements sont constants.
- Si $h > 1$, les rendements sont croissants.
- Si $h < 1$, les rendements sont décroissants.

© Hachette Livre – La photocopie non autorisée est un délit.

2. Pourquoi changer de taille ou de technologie ?

Figure 25

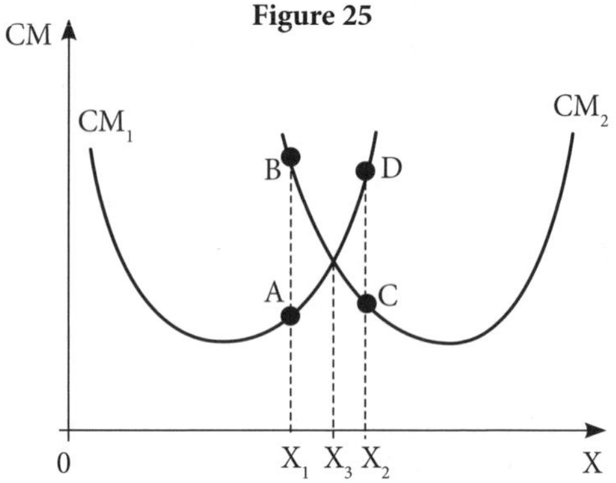

En courte période, une entreprise qui veut développer sa production n'a pas d'autre possibilité que d'utiliser plus intensément le facteur variable (le plus souvent le travail) avec un volume des autres facteurs, et donc une technologie, donnés. Elle ne peut pas augmenter indéfiniment ainsi sa production parce qu'elle atteindra un seuil où il y a trop peu de facteur fixe et où la productivité marginale devient négative. Mais, sans attendre cette situation extrême, l'entreprise est incitée à modifier sa taille ou sa technologie, dès qu'elle en a la possibilité, pour atteindre une courbe de coût plus avantageuse. C'est ce qu'illustre la figure 25.

CM_1 indique le coût moyen en courte période, et CM_2, celui qu'une entreprise pourrait atteindre, par exemple, en modifiant sa taille et / ou ses techniques. En courte période, on ne peut augmenter la production de X_1 à X_2 qu'en passant du point A au point D. Le coût moyen s'élève parce que la productivité du facteur variable est décroissante. On constate qu'il serait plus avantageux de produire X_2 en se situant sur CM_2 (point C) plutôt que sur CM_1.

L'augmentation de la taille et l'amélioration des techniques accroissent la productivité des facteurs et abaissent les coûts de production. Toutefois, notons l'avantage que présente la courbe CM_1. Si, d'aventure, le marché du bien X s'effondre et qu'il faut à nouveau réduire la production de X_2 en X_1, on atteindra un coût plus faible au point A qu'au point B. Le changement de taille n'est donc vraiment rationnel que si l'entreprise est assurée que, désormais, son volume de production sera supérieur ou égal à X_3. Pour tout volume inférieur à X_3, en effet, la taille et la technologie anciennes sont préférables.

Cet exemple illustre bien la signification réelle du concept de courte période : il ne s'agit pas, pour l'essentiel, d'un délai technique nécessaire pour modifier les facteurs fixes ; il s'agit surtout d'un délai économique indispensable pour anticiper la variation du volume de production comme un phénomène permanent assurant la rentabilité des investissements nécessaires pour modifier la taille ou les méthodes de l'entreprise.

3. La courbe de coût de longue période

L'exemple de la figure 25 montre simplement qu'à chaque instant du temps, l'entreprise est incitée à se situer sur la courbe de coût la meilleure possible (la plus efficiente) compte tenu du volume de production probable qu'elle anticipe durant cette période. À chaque niveau de production correspond ainsi une courbe de coût reflétant l'échelle de production la plus efficace à court terme ; tant qu'on se déplace ***le long de cette courbe***, on est en courte période ; le passage en longue période se manifeste par un déplacement ***de toute la courbe***.

Si les facteurs sont divisibles, on peut changer l'échelle de production de façon continue ; il existe alors une infinité de courbes de courte période, autant qu'il existe de niveaux de production possibles ; la courbe de coût moyen de longue période (CMLP) est alors une « courbe enveloppe » continue, semblable à celle de la figure 26, et qui est tangente à – qui « touche en un point » – chaque courbe de courte période.

Figure 26

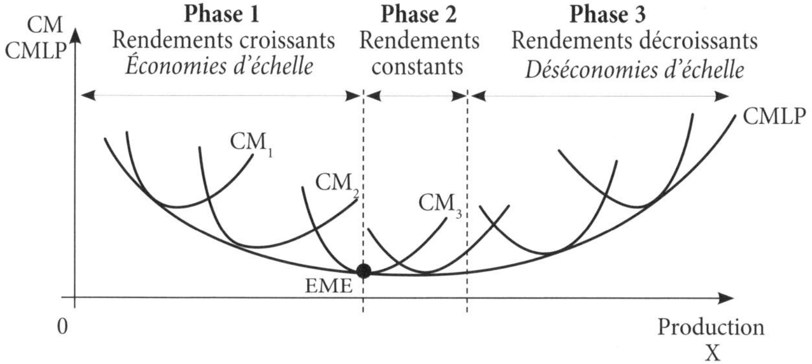

La courbe enveloppe de la figure ci-dessus décrit les différentes évolutions envisageables du coût moyen quand l'entreprise choisit à chaque instant l'échelle de production la plus efficace ; elle présente trois phases :

➜ Phase 1

Le coût moyen décroît à long terme, ce qui signifie que le produit moyen global du travail et du capital augmente (relation inverse entre CM et PM), ce qui à son tour indique que la quantité produite croît plus vite que la quantité de facteurs utilisés ; les rendements d'échelle sont donc croissants ; l'entreprise réalise des économies d'échelle.

© Hachette Livre – La photocopie non autorisée est un délit.

→ Phase 2

Le coût moyen est constant à long terme, ce qui signifie que le produit moyen global du travail et du capital est constant, ce qui à son tour indique que la quantité produite croît au même rythme que la quantité de facteurs utilisés ; les rendements d'échelle sont donc constants ; l'entreprise ne réalise aucune économie d'échelle. Le point EME correspond à ***l'échelle minimum efficace***.

L'échelle minimum efficace est l'échelle de production à partir de laquelle l'entreprise atteint le coût moyen minimum de longue période.

→ Phase 3

Le coût moyen croît à long terme, ce qui signifie que le produit moyen global du travail et du capital diminue, ce qui à son tour indique que la quantité produite croît moins vite que la quantité de facteurs utilisés ; les rendements d'échelle sont donc décroissants ; l'entreprise subit des déséconomies d'échelle.

4. Économies et déséconomies d'échelle

Examinons à présent les raisons habituellement avancées pour justifier l'allure de la courbe de coût moyen en longue période.

→ Une meilleure division du travail

En augmentant son échelle de production, l'entreprise peut opérer une meilleure « division du travail », c'est-à-dire une spécialisation de chaque facteur dans son emploi le plus efficace.

Admettons, par exemple, que la culture d'une terre nécessite l'accomplissement de dix tâches indépendantes par les travailleurs agricoles. Un ouvrier agricole seul sur un hectare devra accomplir l'ensemble des tâches, y compris celles pour lesquelles il est le moins doué. Dix ouvriers sur dix hectares pourront assurer chacun la tâche pour laquelle ils sont le plus productifs, et le produit moyen sera probablement supérieur à celui qui serait obtenu si chaque ouvrier cultivait seul un hectare sur dix. Mais certaines tâches réclament peut-être plus d'un travailleur spécialisé ; la spécialisation optimale ne sera peut-être possible que si l'on a cinquante ouvriers et cinquante hectares, ou cent ouvriers pour cent hectares…

➜ La présence de coûts fixes

Certains frais d'établissement d'une entreprise, ou coûts de gestion (directeur, secrétariat, service comptable, etc.), sont inévitables même pour un volume de production limité et ne se développent pas ensuite au même rythme que la production : on n'embauche pas un directeur de l'exploitation à chaque fois qu'elle s'étend d'un hectare. De même, certains équipements très coûteux, indispensables dès le démarrage de l'activité, pèsent très lourd dans le coût moyen des premières unités produites mais sont progressivement amortis sur une production à plus grande échelle.

Pour les deux raisons évoquées ci-dessus, on peut donc s'attendre à ce que le coût moyen soit d'abord décroissant en longue période.

➜ Les indivisibilités : source unique des économies d'échelle

Les deux facteurs d'économies analysés ci-dessus ont une même origine : l'indivisibilité des facteurs ou des processus de production. Si les facteurs sont infiniment divisibles, on peut adapter à des volumes de production très faibles les méthodes utilisées au point EME sur la figure 26. Il suffit de diviser proportionnellement tous les facteurs et de conserver la même division du travail. Dans notre exemple de l'exploitation agricole, au lieu d'employer un ouvrier 40 heures par semaine pour cultiver un hectare, on pourrait ainsi utiliser dix ouvriers pendant 4 heures ou cent ouvriers pendant 24 minutes, etc., de façon à confier chaque tâche au personnel le plus qualifié. Le véritable problème vient de ce qu'il est particulièrement difficile de trouver des ouvriers très spécialisés et qualifiés disponibles pour travailler 24 minutes par semaine.

De même, les coûts fixes de gestion ou d'équipement sont liés à l'indivisibilité des facteurs. L'entreprise ne peut avoir un directeur un jour sur trois ; pour construire une seule automobile, il faut bien mettre en place la totalité de la chaîne de montage ; et un demi-bœuf ne tire pas la charrue même si… c'est une demi-charrue !

Les coûts associés à l'indivisibilité des facteurs ne peuvent être surmontés que par le développement de l'échelle de production ; en revanche, dans un modèle économique qui ferait l'hypothèse d'une parfaite divisibilité des facteurs, ces coûts n'existent plus et il ne peut y avoir d'économie d'échelle.

➜ Les déséconomies d'échelle

Les facteurs d'économie d'échelle finissent par s'épuiser. En revanche, une taille très importante amène un nouveau développement des coûts fixes de gestion : administra-

© Hachette Livre – La photocopie non autorisée est un délit.

tion plus lourde, communications internes plus complexes, lenteur des décisions, etc. En conséquence, la courbe de coût moyen de longue période devient finalement croissante.

5. L'hypothèse des rendements constants en question

Cependant, les modèles économiques retiennent souvent l'hypothèse des rendements d'échelle constants. En effet, ***à long terme***, des entreprises rationnelles sont incitées à développer leur échelle de production pour atteindre l'échelle minimum efficace, c'est-à-dire celle qui permet d'atteindre le coût moyen minimum de longue période. Dans la plupart des domaines d'activité, les rendements ne devraient donc être que temporairement croissants.

Une fois atteint le coût moyen minimum de longue période, on ne voit pas pourquoi des entreprises rationnelles accepteraient d'élever leur coût moyen à long terme si elle peuvent l'éviter. Or, précisément, l'argument selon lequel les coûts de gestion entraîneraient une hausse inévitable du coût moyen n'est pas complètement satisfaisant. En effet, il revient à supposer que l'entreprise n'a pas les moyens d'adapter ses méthodes et le personnel de gestion. La gestion apparaît alors comme un facteur fixe, mais dans ce cas on ne se situe plus en longue période où, par définition, tous les facteurs sont variables. De plus, une entreprise qui développe son échelle de production peut, en théorie, ***reproduire à l'identique*** les processus de production qu'elle utilisait précédemment. Ainsi, quand une usine a atteint l'échelle minimum efficace, au lieu d'accroître encore sa taille et d'entrer dans la phase des rendements d'échelle décroissants, l'entreprise peut se développer en construisant d'autres usines fonctionnant exactement sur le même modèle. Autrement dit, par ***la reproduction à l'identique*** des méthodes passées, une entreprise a toujours la possibilité théorique de faire ***au moins aussi bien qu'auparavant***. À long terme, donc, si les facteurs de production sont divisibles et si aucun d'entre eux n'est fixe, les entreprises rationnelles se situent en phase de rendements d'échelle constants.

Le vrai problème est donc de savoir si ***tous*** les facteurs sont vraiment parfaitement divisibles et variables en longue période. En particulier, même si l'entreprise peut ***reproduire à l'identique les quantités*** de facteurs correspondant à l'échelle minimum efficace, elle peut être empêchée de reproduire à l'identique les ***qualités*** de ces facteurs. On peut, par exemple, avoir des difficultés à recruter deux ou trois fois un directeur d'usine aussi efficace que dans la première usine ; on ne peut pas toujours mettre en culture de nouvelles terres aussi fertiles que les premières, etc. Si l'emploi de certains facteurs ne peut pas vraiment être reproduit à l'identique, les coûts resteront croissants (et les rendements décroissants) en longue période.

6. Les rendements de substitution

On appelle « rendements de substitution » les gains de productivité réalisés dans l'entreprise par la substitution d'un facteur de production à un autre. À l'inverse des rendements d'échelle qui s'opèrent avec une proportion K/L constante, les rendements de substitution proviennent précisément d'une ***modification du rapport K/L.***

Quand une entreprise a atteint l'échelle minimum efficace, elle est incitée à rechercher des rendements de substitution croissants. En effet, après avoir exploité toutes les possibilités liées à une meilleure division du travail dans le cadre d'un processus de production donné, le seul moyen d'améliorer encore la productivité consiste à rechercher un autre processus de production, c'est-à-dire une autre façon de combiner les facteurs entre eux.

Rendements d'échelle et de substitution sont donc souvent liés, d'autant plus que de nombreux équipements ou procédés ne sont utilisables qu'à partir d'un certain niveau d'activité (phénomène d'indivisibilité déjà souligné plus haut).

→ Un exemple

Imaginons une surface cultivable de cinquante hectares. En raison des débouchés limités pour sa production, l'exploitant agricole ne cultive au départ qu'un hectare avec un ouvrier, un bœuf et une charrue.

En courte période, il va s'adapter aux variations temporaires de la demande en embauchant et débauchant des travailleurs temporaires.

En longue période, si les débouchés augmentent de façon permanente, l'exploitant va d'abord changer d'échelle en augmentant proportionnellement tous les facteurs : il cultivera deux hectares avec deux ouvriers, deux bœufs, deux charrues, et ainsi de suite. Ce faisant, il peut réaliser des économies d'échelle grâce à une meilleure division du travail entre ses ouvriers.

Mais ces économies ont une limite dans le cadre d'une méthode de production donnée. Admettons qu'il atteigne l'échelle minimum efficace avec trois hectares, trois ouvriers, trois bœufs, trois charrues. Il pourrait bien entendu continuer à reproduire à l'identique sa méthode de production et aller finalement jusqu'à exploiter cinquante hectares avec cinquante ouvriers, bœufs et charrues ! Mais il est dans la phase des rendements d'échelle constants, et son coût moyen ne baisse plus quand il développe son exploitation ; il est donc incité à chercher de nouvelles méthodes de production. Il peut ainsi découvrir qu'à partir de trois hectares, il est rentable de remplacer trois charrues, trois bœufs et trois ouvriers par un tracteur piloté par un seul travailleur. Il procède ainsi à une substitution de capital au travail qui le place sur une nouvelle courbe de coût moyen de longue période, plus avantageuse que la première.

© Hachette Livre – La photocopie non autorisée est un délit.

Il peut alors à nouveau réaliser des économies d'échelle en cultivant six hectares avec deux ouvriers et deux tracteurs, douze hectares avec quatre ouvriers et quatre tracteurs, etc. Il atteindra à nouveau l'échelle minimum efficace de ce processus de production et sera encore incité à rechercher des rendements de substitution croissants. Ainsi, par exemple, à partir de vingt-et-un hectares, sept ouvriers et sept tracteurs, il pourra être plus rentable d'utiliser quatre ouvriers, un tracteur et une moissonneuse-batteuse-lieuse.

Il reproduira à l'identique ce nouveau processus tant que ce dernier permet de réaliser des économies d'échelle, et ainsi de suite.

Pour conclure, la figure 27 ci-après récapitule les différentes courbes de coûts et les différents concepts de rendement abordés dans ce chapitre.

Figure 27

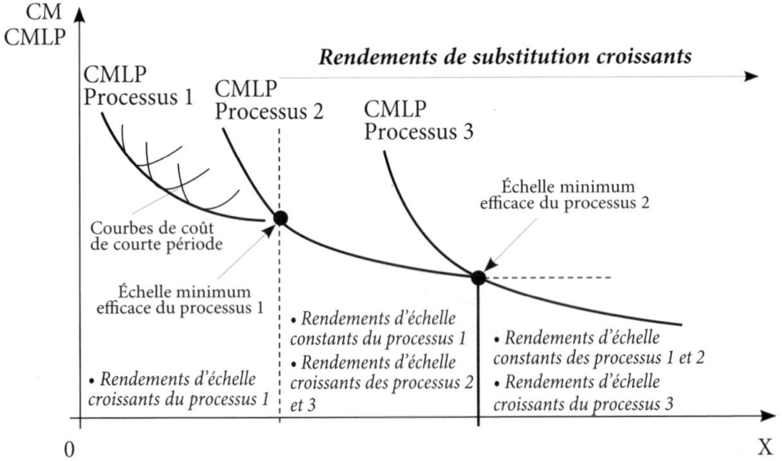

5 chapitre

Concurrence parfaite et monopole

Le producteur cherche à maximiser le profit. Quelle que soit la structure du marché, la condition d'équilibre est la même : le profit augmente tant que la recette marginale (Rm, rythme de variation de la recette) est supérieure au coût marginal (Cm, rythme de variation du coût) ; le profit est donc maximum quand Rm = Cm. L'évolution du coût marginal, étudiée au chapitre précédent, est indépendante de la structure du marché. En revanche, la recette marginale, parce qu'elle dépend du prix, lui-même déterminé par l'équilibre entre l'offre et la demande sur le marché, dépend donc du mode de fonctionnement de ce marché.

Si le marché est ***parfaitement concurrentiel***, le prix est une ***donnée constante*** qui s'impose à la firme individuelle, quelle que soit sa production. Dans ce cas, on montre que la recette marginale est égale au prix ; le profit est donc maximum quand le ***prix est égal au coût marginal***. Mais cet équilibre ne se maintient pas à long terme : tant que subsistent des profits, d'autres producteurs sont attirés ; ils augmentent l'offre totale sur le marché, ce qui entraîne une baisse du prix jusqu'à ce que ce dernier soit égal au coût moyen minimum de longue période : les profits s'annulent.

Le ***monopole***, lui, dispose d'un certain ***pouvoir*** d'intervention sur le prix. En effet, il est confronté directement à la demande totale sur le marché, qui est décroissante en fonction du prix ; il peut donc se déplacer le long de la courbe de demande pour choisir le prix et la quantité qui maximisent son profit. Dans ce cas, on montre que le monopole fixe un ***prix supérieur au coût marginal*** et que, en conséquence, il vend plus cher, produit moins et réalise plus de profits qu'un marché concurrentiel. Ces super-profits peuvent même subsister en longue période si le monopole est à l'abri des entrées sur le marché.

I. La concurrence parfaite

A– Définition et hypothèses du modèle

1. Les conditions de la concurrence parfaite

▶ Atomicité

Il existe un très grand nombre de producteurs et d'acheteurs sur le marché ; aucun agent particulier n'a un poids suffisant pour influencer les résultats du marché.

▶ Libre entrée

À tout moment, n'importe quel agent, acheteur ou producteur, est libre de participer ou de ne pas participer à l'activité du marché. Cela implique en particulier qu'il n'existe aucune réglementation limitant les conditions dans lesquelles on peut pratiquer une activité.

▶ Homogénéité

Toutes les entreprises produisent un même produit homogène, c'est-à-dire considéré comme identique par les acheteurs qui sont donc indifférents à l'identité de l'entreprise à laquelle ils achètent le produit. La concurrence entre les entreprises ne peut donc porter sur les caractéristiques spécifiques de leur produit ; elle ne peut se faire qu'à travers les prix.

▶ Mobilité

Les biens et les facteurs de production sont parfaitement mobiles. Le travail et le capital peuvent donc se déplacer librement et sans délai d'une entreprise à une autre ou d'un marché à un autre.

▶ Transparence

L'information des différents agents intervenant sur le marché est parfaite, c'est-à-dire disponible immédiatement et sans coût. En particulier, cela signifie que tout le monde connaît en même temps et gratuitement toutes les quantités offertes et demandées par tous les agents, aux différents prix.

Aux conditions listées ci-dessus (concernant la structure du marché), s'ajoutent les conditions relatives au comportement des agents économiques (rationalité et hypothèses sur les préférences).

2. La formation des prix

→ Le prix est une donnée pour l'entreprise

La caractéristique essentielle d'un marché de concurrence parfaite tient au mode de formation des prix. Chaque entreprise particulière n'a aucun pouvoir de décision sur le prix du bien qu'elle produit. En raison de la concurrence et de son propre poids très faible dans l'ensemble du marché, elle est obligée de pratiquer le prix de marché. Tout prix légèrement supérieur lui ferait perdre la totalité de sa clientèle. Mais un prix légèrement inférieur n'est pas davantage possible. En effet, l'information étant parfaite, toutes les autres entreprises pourraient instantanément ajuster leur prix au même niveau et le seul résultat consisterait en une diminution des profits.

L'entreprise concurrentielle prend donc le prix comme une ***donnée*** extérieure qui ***s'impose*** à elle ; on dit souvent qu'elle est *price taker* (littéralement, *preneuse* du prix), par opposition au *price maker* (qui *fait* le prix).

→ La loi de l'offre et de la demande

Le prix du bien échangé sur le marché n'est donc pas fixé par les entreprises, mais déterminé par l'équilibre entre l'offre et la demande.

Figure 28

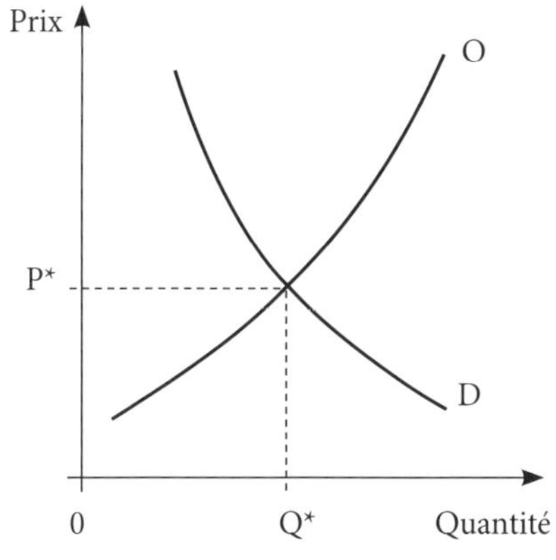

Comme on l'a démontré au chapitre 3, la demande d'un bien est une fonction décroissante du prix (D sur la figure 28).

Comme nous allons le démontrer dans le présent chapitre, l'offre d'un bien par les producteurs est une fonction croissante du prix (O sur la figure 28).

En effet, l'entreprise cherche à maximiser le profit. Or, si le prix de vente augmente, pour un coût donné, chaque unité produite engendre un profit plus élevé. L'entreprise est donc incitée à produire davantage jusqu'au moment où la hausse des coûts entraînée par le développement de la production aura compensé l'élévation du prix. L'offre du produit est donc une fonction croissante du prix.

© Hachette Livre – La photocopie non autorisée est un délit.

Il existe un prix d'équilibre : P*, pour lequel l'offre est égale à la demande. Ce prix est déterminé par la libre négociation entre les offreurs et les demandeurs.

Le fonctionnement de la loi de l'offre et de la demande suppose une parfaite flexibilité des prix, puisque ce sont les mouvements de prix qui sont susceptibles de rétablir l'équilibre à la suite d'un changement quelconque dans les conditions du marché. Les figures 29-a et 29-b illustrent les mouvements possibles.

Figure 29-a
Variations de l'offre

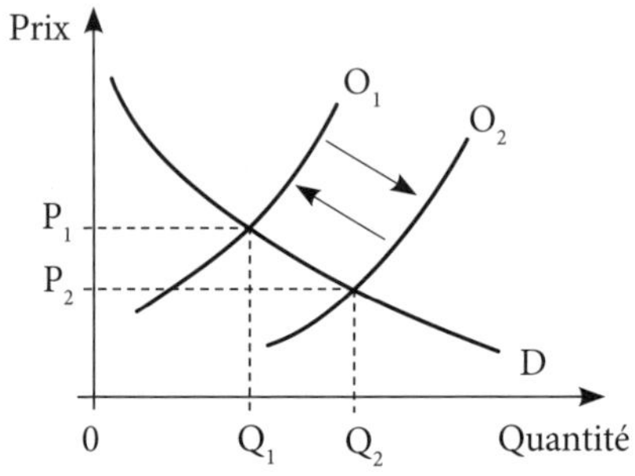

Figure 29-b
Variations de la demande

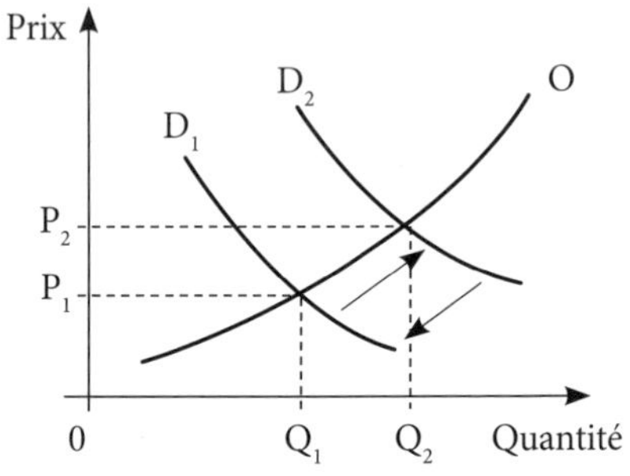

3. Les gains de l'échange : surplus du consommateur et du producteur

Au point d'équilibre concurrentiel, il existe un prix de marché unique pour toutes les unités échangées (P* sur la figure 30). Or, comme l'indique la courbe de demande, les acheteurs seraient disposer à payer un prix nettement plus élevé, par exemple P_1 pour obtenir une quantité Q_1, ou P_2 pour une quantité Q_2, etc.

Seule la dernière unité achetée au point E est payée au prix que les acheteurs étaient disposés à payer ; toutes les autres sont payées à un prix inférieur. Cette différence de prix mesure les gains de l'échange pour le consommateur, ou encore le « surplus du consommateur » : pour chaque unité achetée, le consommateur gagne la différence entre le prix qu'il était prêt à payer et le prix de marché ; ce surplus peut donc être mesuré par la surface gris clair sur la figure 30.

De la même façon, les producteurs vendent toutes les unités au prix unique qui équilibre le marché. Or, comme l'indique la courbe d'offre, ils seraient disposés à accepter un prix inférieur pour toutes les unités situées à gauche du point d'équilibre. En conséquence, pour chacune de ces unités, les producteurs gagnent la différence entre le prix de marché et le prix auquel ils étaient disposés à vendre ; ce surplus du producteur est donc mesuré par la surface gris foncé sur la figure 30.

Les échanges se développent précisément parce que acheteurs et vendeurs en retirent un avantage net, c'est-à-dire une différence entre les satisfactions qu'ils en retirent et le coût d'opportunité des ressources qu'ils sacrifient ; l'échange s'arrête au point d'équilibre, quand on a totalement épuisé les gains mutuels de l'échange.

Figure 30

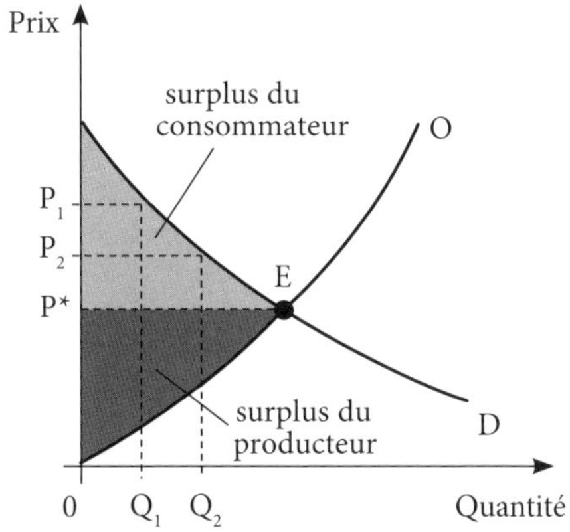

B– Le marché de concurrence en courte période

1. L'équilibre du producteur en courte période

L'entreprise cherche à maximiser son profit (π), qui est la différence entre les recettes et les coûts de production. Nous avons longuement étudié l'évolution des coûts au chapitre 5. Examinons à présent les recettes.

→ Recette totale, recette moyenne, recette marginale

La recette totale (RT) est égale au produit des quantités vendues (X) par le prix de vente (P) :

$$RT = P \cdot X$$

La recette moyenne (RM) est la recette par unité de bien ; elle est donc, par définition, identique au prix unitaire :

$$RM = RT/X = P \cdot X/X = P$$

La recette marginale associée à la vente d'un produit parfaitement divisible est la variation de la recette totale entraînée par une variation infiniment petite de la quantité vendue ; il s'agit donc de la dérivée de la recette totale par rapport à la quantité :

$$Rm = dRT/dX.$$

© Hachette Livre – La photocopie non autorisée est un délit.

Pour un bien imparfaitement divisible, Rm est la variation de la recette totale pour une unité de bien supplémentaire. Pour la commodité de l'exposé, nous ne distinguerons plus par la suite entre ces deux formulations de la recette marginale.

Il existe entre Rm et RM la même relation qu'entre toutes les variables moyennes et marginales : quand la recette moyenne augmente, cela signifie que la Rm lui est supérieure, et inversement ; quand RM est constante, elle est égale à Rm (*cf.* chapitre 4, section 1, B).

En situation de concurrence pure et parfaite, le prix est une donnée pour l'entreprise. Autrement dit, quelle que soit la quantité produite par le producteur individuel, le prix sera nécessairement le même et identique au prix de marché. La recette moyenne (identique au prix) est donc constante ; la recette marginale est donc également constante et égale au prix.

→ Demande à la firme et demande de marché

Figure 31-a
Le marché

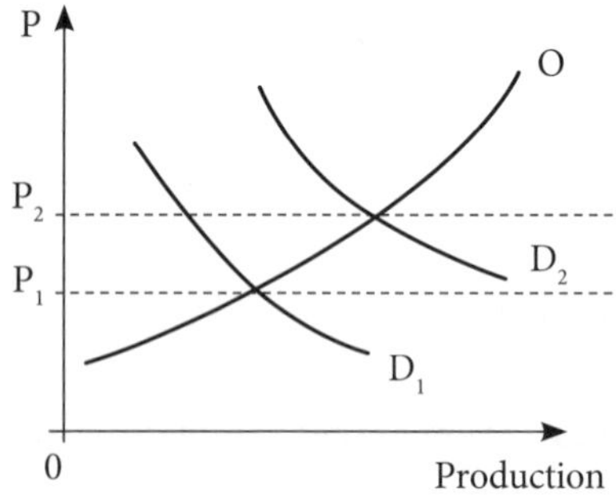

Figure 31-b
La firme

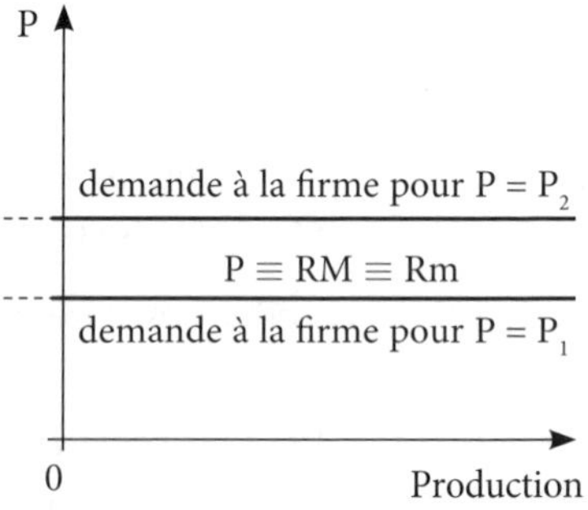

Sur la figure 31-b, nous représentons la recette moyenne et marginale pour un prix de marché P_1. Il s'agit d'une droite horizontale puisque le prix de marché n'est pas modifié par les variations de la production d'une seule firme.

La représentation graphique de la recette moyenne d'une firme est aussi une représentation de la ***demande à la firme*** ; en effet, elle indique à quel prix (c'est-à-dire à quelle recette moyenne) on peut vendre différentes quantités. Ici, la demande à la firme est horizontale, ou encore ***parfaitement élastique*** : si l'entreprise pratique un prix tant soit peu différent de P_1, ses ventes seront nulles ; si elle vend au prix P_1, elle peut vendre n'importe quelle quantité ; l'élasticité de la demande à la firme est infinie.

Le fait que la demande à la firme soit horizontale n'est en rien contradictoire avec la loi selon laquelle la courbe de demande est normalement décroissante en fonction du prix. La loi de la demande s'applique à la demande exprimée par les acheteurs sur le marché (D sur la figure 31-a). Sur le marché, en effet, la quantité demandée augmente quand le prix baisse, et inversement ; le prix varie donc bien avec les quantités vendues ***sur le marché***, mais pas avec les quantités vendues par telle ou telle ***entreprise particulière***. Cette variation du prix est un résultat du processus de marché qui s'impose à tous, et non une possibilité offerte à chaque entreprise. Le poids d'une entreprise est trop faible sur le marché pour que ses décisions influencent le résultat des négociations : elle peut réduire sa production à zéro, cela ne réduira pas suffisamment l'offre globale sur le marché pour faire monter le prix de marché ; elle peut multiplier sa production par 100, cela ne développera pas assez l'offre pour faire baisser le prix. Telle est l'hypothèse sous-jacente (et contestable) à cette théorie de la demande à la firme. À chaque prix d'équilibre déterminé sur le marché (figure 31-a) correspond donc une demande à la firme parfaitement élastique et donc horizontale (figure 31-b).

→ La maximisation du profit

L'entreprise peut donc écouler n'importe quelle quantité sur le marché à condition de la vendre au prix de marché. Parmi l'infinité des volumes de production possibles, l'entreprise va choisir celui qui maximise son profit.

Quand on développe la production, la recette totale augmente, mais le coût total également. Tant que l'augmentation de la recette (Rm) est supérieure à l'augmentation du coût (Cm) le profit s'améliore et il faut développer la production. Inversement, si le coût marginal devient supérieur à la recette marginale, cela signifie qu'une unité supplémentaire de production augmente le coût plus que la recette et réduit donc le profit ; il faut alors réduire la production.

En conséquence : ***le profit est maximum quand la recette marginale est égale au coût marginal.***

Sur la figure 32, le point d'équilibre du producteur est donc le point E ; en ce point, Rm = Cm.

Au prix P^* fixé par le marché, l'entreprise décide de produire X^*. Le coût moyen est alors égal à CM^*. Le profit réalisé (π) est égal à la quantité vendue multipliée par l'écart entre le prix (la recette moyenne) et le coût moyen :

$$\pi = X^* . (P^* - CM^*).$$

Graphiquement, le profit est mesuré par le rectangle grisé (dont la largeur est égale à $P^* - CM^*$, et la longueur à X^*).

© Hachette Livre – La photocopie non autorisée est un délit.

Bien entendu, notre raisonnement n'est valable que dans la partie croissante du coût marginal. Ainsi, sur la figure 32, on constate que Rm = Cm au point E, mais également au point E'. Cependant, au point E', Cm est décroissant et donc inférieur au coût moyen. Égaliser le prix au coût marginal dans cette phase implique donc nécessairement un prix de vente inférieur au coût moyen, et par conséquent une perte. Le seul point d'équilibre est donc celui qui se situe dans la partie croissante de Cm. C'est dire que la condition d'équilibre du producteur est double :

Figure 32

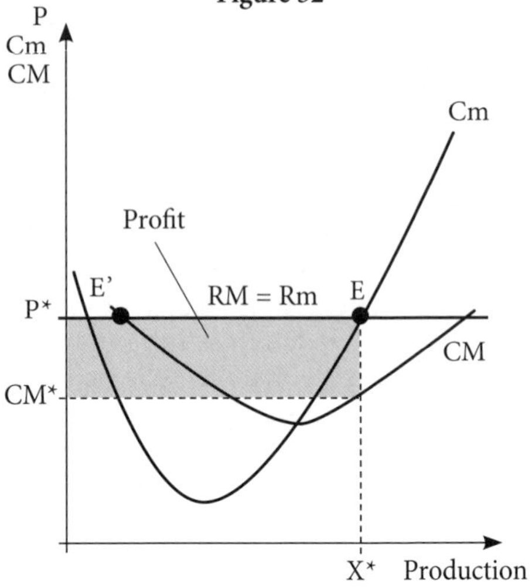

Le profit est maximum quand la recette marginale est égale au coût marginal, dans sa partie croissante.

On démontre formellement (*cf.* chapitre 7) que la tarification au coût marginal est l'une des conditions nécessaires pour atteindre une allocation des ressources optimale au sens de Pareto (*cf.* chapitre introductif).

→ Remarque mathématique

Les conditions de l'équilibre se démontrent aisément. Le profit π est π = RT – CT. Deux conditions sont nécessaires pour que cette fonction atteigne un maximum. La dérivée première de π par rapport à X doit être nulle, et la dérivée seconde doit être négative. La dérivée première de π est égale à la dérivée de RT (c'est-à-dire Rm) moins la dérivée de CT (c'est-à-dire Cm) ; elle est donc nulle quand Rm – Cm = 0, d'où Rm = Cm (première condition).

La dérivée seconde de π est la dérivée de la dérivée première (c'est-à-dire la dérivée de Rm – Cm par rapport à X). Elle est donc égale à la dérivée de Rm moins la dérivée de Cm; or la dérivée de Rm est nulle puisque Rm est constante en concurrence parfaite ; la dérivée seconde de π est donc simplement égale à –(dCm/dX) ; elle doit être négative : donc dCm/dX doit être positif, ce qui signifie en clair que le rythme de variation de Cm est positif ; autrement dit, Cm est croissant (seconde condition).

2. Offre du producteur et offre du marché

Comme le montre la figure 33, la courbe de coût marginal est aussi la courbe d'offre du producteur individuel. En effet, celle-ci indique bien quelle quantité sera offerte par l'entreprise (X_0, X_1, X_2) si le prix est P_0, P_1, P_2, etc. Cependant, cette courbe d'offre ne comprend que la partie de la courbe de coût marginal qui est supérieure au coût moyen (partie en gras sur la figure). En dessous du point A, en effet, le prix devient inférieur au coût moyen, et l'entreprise réalise des pertes ; l'offre s'annule donc en dessous de ce point ; le point A représente donc le ***seuil de rentabilité***. On découvre ici une raison supplémentaire de penser que l'entreprise rationnelle produit toujours dans une phase où productivités marginale et moyenne sont décroissantes (c'est-à-dire où coût marginal et coût moyen sont croissants).

Figure 33

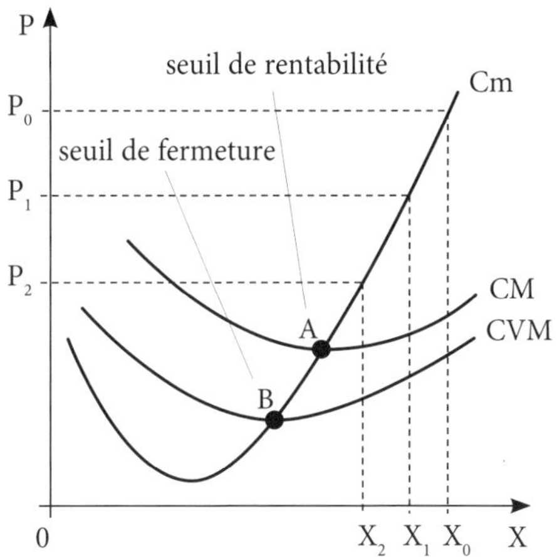

Toutefois, on admet qu'en courte période, l'entreprise rationnelle peut supporter des pertes si celles-ci proviennent de coûts fixes que l'on ne peut amortir qu'en longue période.

Le producteur doit alors seulement couvrir ses coûts variables en courte période, et la totalité des coûts en longue période. On trace donc la courbe du coût variable moyen (CVM) qui est nécessairement plus faible que le coût moyen total puisqu'il ne comprend pas les coûts fixes.

Le point B correspond au ***seuil de fermeture*** :

- en deçà de ce point, l'entreprise ne couvre même pas ses coûts variables, l'activité doit être abandonnée, même en courte période ;
- au-delà de ce point, l'activité est poursuivie, quoique non rentable à court terme, parce que l'on espère atteindre et dépasser le seuil de rentabilité à long terme.

Nous venons d'établir que la courbe d'offre du producteur est croissante avec le prix. La courbe d'offre totale du marché (on dit aussi de la ***branche*** ou de l'***industrie***) est simplement la somme des offres des producteurs particuliers aux différents prix. Elle est donc également croissante.

© Hachette Livre – La photocopie non autorisée est un délit.

Il est généralement admis que la pente effective de la courbe d'offre de la branche est plus forte que celle de la courbe obtenue en additionnant les offres individuelles. En effet, l'augmentation de la production d'une entreprise isolée n'a pas d'effet sur le coût des facteurs, mais l'augmentation de la production de l'ensemble des entreprises entraîne une demande supplémentaire de facteurs et fait monter leur prix, et donc les coûts de production. Aussi, les profits, et donc la production offerte, progressent moins vite le long de la courbe d'offre de la branche que le long d'une courbe d'offre individuelle.

C– Le marché de concurrence en longue période

En longue période, tous les facteurs sont variables. Par conséquent, les entreprises présentes dans la branche peuvent développer leurs moyens de production et d'autres entreprises peuvent entrer sur le marché.

1. Équilibre du producteur et courbe d'offre

Nous avons exposé au chapitre 4 l'évolution des coûts en longue période. La courbe de coût moyen de longue période (CMLP) est la courbe enveloppe des courbes de courte période ; sur la figure 34, nous traçons la courbe de coût marginal de longue période (CmLP) associée à cette courbe enveloppe.

En longue période, le profit est maximum quand la recette marginale (et donc le prix) est égale au coût marginal de longue période, c'est-à-dire au point E_1 si le prix est P_1, au point E_2 si le prix est P_2, etc. La courbe d'offre du producteur en longue période est donc la partie de la courbe CmLP qui est supérieure à la courbe CMLP (en gras).

Figure 34

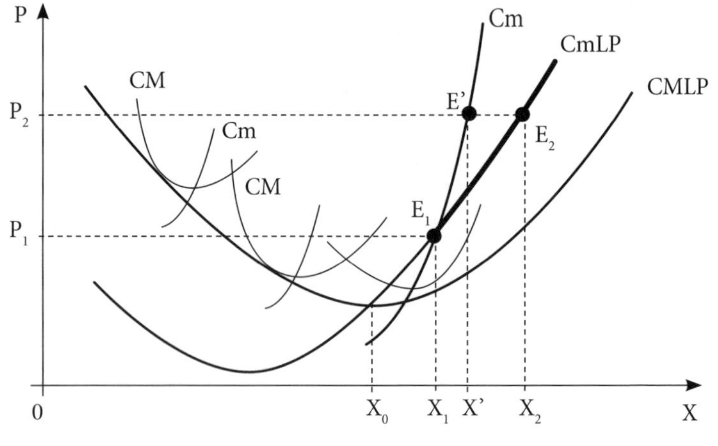

Notons que, autour du point E_1, CmLP a une pente plus faible que la courbe de coût marginal de courte période correspondante. En conséquence, la réaction de la production (l'élasticité) à une variation de prix est beaucoup plus faible en courte période qu'en longue période.

Ainsi, quand le prix passe de P_1 à P_2, en courte période on passe au point d'équilibre E' avec une production X', tandis qu'en longue période la production augmente nettement plus, jusqu'en X_2. Pourquoi ? Parce que, en longue période, le coût marginal augmente moins vite grâce aux économies d'échelle rendues possibles par le développement de tous les facteurs de production ; l'augmentation de la production est donc plus rentable en longue période qu'en courte période.

Ce phénomène est accentué par le fait que d'autres entreprises, attirées par les profits réalisés par les producteurs déjà en place, vont entrer sur le marché : au niveau de la branche, la capacité de réaction de l'offre aux variations de prix se trouve ainsi renforcée. On peut donc retenir un résultat important :

L'offre du producteur individuel et l'offre de la branche sont toujours plus élastiques en longue période qu'en courte période.

→ Remarque : pourquoi l'offre reste-t-elle croissante à long terme ?

Nous avons expliqué au chapitre précédent qu'en l'absence d'indivisibilité des facteurs de production, si tous les facteurs sont réellement variables, les rendements d'échelle devraient devenir et rester constants à long terme. Si les entreprises avaient toujours la possibilité de reproduire à l'identique les méthodes utilisées au moment où l'on atteint le coût minimum en longue période (correspondant à la production X_0 sur la figure 34), elles pourraient développer leur production à l'infini sans augmenter leur coût moyen. En conséquence, à long terme, le coût moyen devrait être constant, le coût marginal identique au coût moyen, et la courbe d'offre devrait être une droite horizontale (à partir de X_0).

Si l'offre reste croissante à long terme, c'est qu'il subsiste des facteurs fixes même en longue période, ce qui rend impossible la reproduction à l'identique et contraint à accepter des coûts croissants. Cela tient essentiellement à ce que, si l'on peut souvent reproduire à l'identique des combinaisons quantitatives de facteurs, en revanche on peut rarement espérer reproduire à l'identique les aspects qualitatifs de ces combinaisons : emplacement, époque, motivation des travailleurs, efficacité des individus, qualités des gestionnaires, etc. Aussi, une fois atteint le coût moyen minimum de longue période, et donc l'efficacité maximale de la combinaison des facteurs de production, l'entreprise ne peut plus faire «aussi bien» si elle doit développer sa production, et elle n'échappe pas aux rendements décroissants.

© Hachette Livre – La photocopie non autorisée est un délit.

Université d'Aix-Marseille

2. L'équilibre du marché en longue période

Les points d'équilibre E_1 ou E_2 de la figure 34 ne sont pas durables. En effet, aux prix P_1 et P_2, supérieurs au coût moyen, l'entreprise réalise un profit. Tant que les profits sont positifs, d'autres entreprises seront incitées à entrer sur le marché. L'offre croissante provoque alors une baisse des prix jusqu'à ce que le prix de marché soit équivalent au coût moyen de production.

La figure 35-a montre la baisse des prix associée au développement de l'offre sur le marché. La figure 35-b montre l'incidence de cette baisse des prix sur l'équilibre du producteur individuel. Tant que le prix reste supérieur à P_0, le profit est positif et l'offre continue à se déplacer vers la droite sur le marché. Le point E_0 est donc le point d'équilibre à long terme. Par conséquent, on peut dire que :

À l'équilibre, sur un marché de concurrence parfaite, les profits sont nuls.

Figure 35-a
Le marché

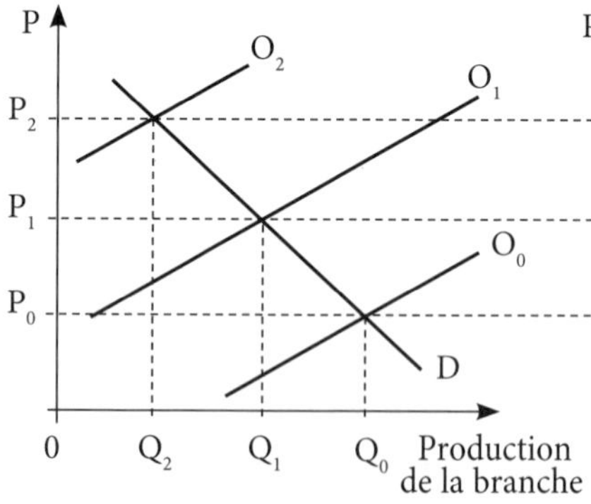

Figure 35-b
La firme

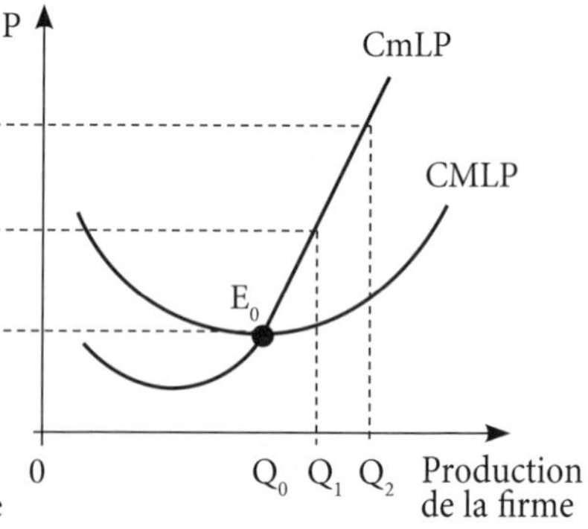

Ce résultat est parfois source de confusion. Il ne signifie pas que les entreprises ne peuvent pas enregistrer un bénéfice comptable durable. Ce bénéfice inclut une rémunération normale des capitaux, et, éventuellement, du temps de travail, apportés par les propriétaires des capitaux ; cette rémunération constitue un coût des facteurs de production et non un profit « pur ». Ce qui s'annule à long terme n'est donc pas le bénéfice comptable de l'entreprise, mais le ***revenu résiduel*** des propriétaires des capitaux, c'est-à-dire ce qui reste quand on a payé ***tous*** les facteurs, ***y compris ceux apportés par lesdits propriétaires***.

Cela dit, nous avons raisonné jusqu'ici comme si toutes les entreprises avaient les mêmes courbes de coût. C'est en effet une condition nécessaire pour qu'au point E_0 toutes les entreprises aient un profit nul. Dans la réalité, les entreprises ont des coûts différents : quand le profit s'annule pour certaines, d'autres, plus performantes, ayant un coût moyen plus faible, continuent à réaliser un profit. On peut alors considérer que le point d'équilibre de long terme est celui où le profit s'annule dans la firme marginale (la dernière entreprise capable d'entrer sur le marché sans produire à perte), mais reste positif dans les entreprises plus efficaces. Si c'est le cas, d'autres entreprises imiteront les méthodes de production des plus performantes, seront finalement en mesure de produire aux mêmes coûts que ces dernières, entreront sur le marché et feront baisser les prix et les profits jusqu'à les annuler. Sur un marché de concurrence parfaite, une entreprise même exceptionnellement performante ne peut maintenir son profit à long terme, sauf si sa performance résulte de facteurs de production spécifiques à l'entreprise et dont nulle autre ne peut disposer : emplacement unique au monde, ingénieur qui est le « génie du siècle », etc. Le revenu résiduel de l'entrepreneur reflète alors la présence de facteurs particulièrement rares, et l'économiste désigne ce revenu par le terme de ***rente*** et non de profit. C'est pourquoi nous avons précisé ci-dessus que les profits ***normaux*** s'annulaient à long terme.

D– Exercice d'application

Imaginons un marché de concurrence parfaite comprenant 100 entreprises ayant toutes les mêmes coûts de production ; une firme est donc ***représentative*** des conditions d'activité de toutes les autres. La firme représentative a la fonction de coût suivante :

$$C_f = 40 + X_f^2$$

où 40 mesure donc le coût fixe et X_f^2 le coût variable (l'indice « f » rappelle qu'il s'agit du coût d'une firme). Sur le marché, la demande totale (X_d) est une fonction décroissante du prix, exprimée par la relation : $X_d = 2\,000 - 100\,P$.

On cherche à décrire complètement l'équilibre du producteur individuel et celui du marché, en courte période et en longue période.

© Hachette Livre – La photocopie non autorisée est un délit.

1. Équilibre en courte période

➜ La fonction d'offre

Chaque entreprise cherche à maximiser le profit ; en concurrence parfaite, le profit est maximum quand le prix est égal au coût marginal ; la quantité offerte par une firme, X_f, est donc telle que P = Cm.

On calcule le coût marginal, qui est la dérivée du coût total. La dérivée d'une fonction de type $y = b + aX^n$ est égale à : anX^{n-1}. Ici, le coût marginal est donc : $Cm = 2X_f$.

L'offre de la firme individuelle est donc telle que $P = Cm = 2\,X_f$, soit :

$$X_f = P/2.$$

L'offre totale sur le marché, X_m, est donc cent fois l'offre individuelle :

$$X_m = 100\,X_f = 100\,(P/2) = 50P.$$

➜ L'équilibre du marché

Sur le marché, l'équilibre est défini par l'égalité entre l'offre et la demande,

soit :	$X_d = X_m$,
c'est-à-dire :	$2\,000 - 100\,P = 50\,P$,
ce qui implique :	$2\,000 = 150\,P$,
et donc :	$P = 2\,000/150$,
soit :	$P = 13{,}333$.

À ce prix, la quantité échangée est donnée par la fonction d'offre du marché (50 P) ou bien la fonction de demande (2 000 – 100 P), et est égale à X = 666, 66.

➜ L'équilibre du producteur

Chaque firme individuelle produit $X_f = P/2$, soit une production $X_f = 6{,}666$ (un centième de la production totale du marché).

Le profit de la firme, π_f, est égal à : $X_f\,.\,(P - CM)$. On calcule CM, le coût moyen, en divisant le coût total par X_f, ce qui donne :

$$CM = (40 + X_f^2)/X_f = (40/X_f) + X_f.$$

Quand $X_f = 6{,}666$, le coût moyen est égal à : CM = 12,666.

Le profit est donc égal à :

$$\pi_f = X_f\,.\,(P - CM) = 6{,}666\,.\,(13{,}33 - 12{,}666) = 4{,}466.$$

Le profit cumulé de toutes les entreprises est :

$$\pi_m = 4{,}466\,.\,100 = 446{,}6.$$

2. Équilibre en longue période

En longue période, de nouvelles entreprises entrent sur le marché tant que les profits sont positifs. Le point d'équilibre est atteint quand le prix a baissé jusqu'au point minimum du coût moyen et où l'on vérifie l'égalité : P = Cm = CM.

→ L'équilibre du producteur

On peut déterminer pour quelle quantité produite la firme individuelle atteint le point où Cm = CM :

$$CM = (40/X_f) + X_f = Cm = 2\ X_f.$$

Cela implique que : $40 / X_f = 2\ X_f - X_f = X_f$,

d'où : $40 = X_f^2$

et donc : $X_f = \sqrt{40} = 6{,}324$.

→ L'équilibre du marché

Pour cette quantité, le prix d'équilibre de long terme est égal au coût moyen, et aussi au coût marginal ; il est donc égal à : $P = Cm = 2\ X_f = 12{,}649$.

À ce prix, bien entendu, le profit est nul, puisque la recette moyenne est égale au coût moyen. La quantité échangée sur le marché nous est donnée par l'équation de demande :

$$X = 2\ 000 - 100\ .\ 12{,}649 = 735{,}088 \text{ unités vendues.}$$

→ Le nombre de firmes

À l'équilibre, nous l'avons vu, chaque firme offre une quantité $X_f = 6{,}324$; or le marché demande une quantité $X_d = 735{,}08$; il y a donc 116,24 entreprises sur le marché à long terme (116,24 . 6,324 = 735,088). Bien entendu, il ne peut effectivement y avoir que 116 ou 117 entreprises. La situation est instable ; avec 116 entreprises, il subsiste un profit et une incitation à l'entrée sur le marché ; mais avec 117 entreprises, l'offre est trop abondante, le prix passe en dessous du coût moyen et l'on enregistre des pertes.

E– Critique du modèle de concurrence parfaite

Nous suivons ici une démarche développée en détail par l'économiste australien Steve Keen (*L'imposture économique*, L'Atelier, 2014).

L'équilibre de la firme concurrentielle repose notamment sur deux hypothèses : il existe une demande à la firme horizontale et une courbe d'offre croissante correspondant à la partie croissante de la courbe de coût marginal. Or ces deux hypothèses sont contestables.

© Hachette Livre – La photocopie non autorisée est un délit.

1. L'impossibilité mathématique de la courbe de demande à la firme

La théorie microécomique néoclassique suppose que le producteur concurrentiel est un *price taker* et qu'il offre la quantité de son choix, à la seule condition de respecter le prix de marché. Cela n'est possible que si la demande à la firme est infiniment élastique (horizontale) : quelle que soit la quantité offerte par la firme, la production de cette dernière n'aura aucune influence sur le prix. Dans ce cas, la recette marginale et la recette moyenne sont constantes, confondues et égales au prix : RM = Rm = P. C'est ce que l'on apprend dans tous les manuels de sciences économiques. Pourtant, l'économiste néoclassique George Stigler (prix Nobel 1982) a démontré que cette théorie est mathématiquement fausse (« Perfect competition historically contemplated », *Journal of Political Economy*, vol. 35, n°1, 1957).

Stigler développe la formule de la recette marginale d'une firme *i* (Rm_i).

Si q_i désigne la production de la firme, Q la production totale du marché et P, le prix de marché on a :

$$Rm = P + q_i \,.\, (dQ/dP) \,.\, (dP/dq_i)$$

Ce qui donne en simplifiant :

$$Rm = P + q_i \,.\, dQ/dq_i$$

Par conséquent :

$$Rm = P, \text{ uniquement si } dQ/dq_i = 0$$

Pour que la recette marginale de la firme i soit constante, il faut que la variation de la quantité produite par la firme ne fasse pas varier la quantité produite sur le marché ($dQ/dq_i = 0$). Cela est évidemment absurde. Si un boulanger produit une baguette de pain supplémentaire, il y a forcément une baguette de plus sur le marché ! G. Stigler rappelle donc logiquement que $dQ/dq_i = 1$ (une augmentation de la production d'une entreprise quelconque entraîne une variation identique de la production totale). Dans ce cas, la courbe de demande à la firme n'est pas une droite horizontale, mais une droite qui a une pente négative (comme c'est le cas dans le modèle du monopole). La théorie de la concurrence parfaite est donc mathématiquement fausse ; il faudrait appliquer le modèle du monopole à toutes les firmes.

2. La courbe d'offre de la firme en question

On a vu plus haut comment construire la courbe d'offre de la firme concurrentielle. Le profit est maximum quand le prix de marché est égal au coût marginal. L'offre optimale de la firme pour chaque prix de marché est donc la quantité indiquée par la courbe de coût marginal (Cm), dans sa partie croissante et supérieure au coût moyen (*cf. supra*, I. B. 2). Cette courbe est supposée nécessairement croissante, à partir d'un certain niveau de production, parce qu'elle suit une évolution symétrique à celle de la courbe du produit marginal (Pm) qui exprime la loi des rendements factoriels décroissants (*cf.* chap. 4. I. C.).

L'existence d'une courbe d'offre croissante en fonction du prix suppose donc que le produit marginal soit continument décroissant.

Or cette hypothèse est sérieusement remise en question par la critique formulée, voici près d'un siècle par Piero Sraffa (« The law of returns under competitive conditions », *Economic Journal*, vol. 36, n°144, 1926). Ce dernier soutient que Pm est constant au niveau de la firme ou au niveau d'une branche d'activité particulière ; il s'ensuit que Cm est également constant et qu'il n'y a plus d'offre croissante en fonction du prix !

➜ Critique du modèle néoclassique

Dans le modèle néoclassique, on suppose que l'entrepreneur rationnel pousse toujours l'utilisation du travail (facteur variable) au moins jusqu'au point ou le capital (facteur fixe) est pleinement utilisé. Au-delà de ce point, chaque unité de travail supplémentaire dispose d'une quantité décroissante de capital, ce qui est censé engendrer un Pm décroissant. Or, observe Sraffa, on ne peut considérer un facteur comme fixe que si l'on raisonne au niveau de l'ensemble du secteur industriel ou agricole et non pas au niveau d'une firme ou d'une branche particulière (l'ameublement, l'élevage de poulet, etc.). Le travail et le capital peuvent en effet toujours se déplacer d'une entreprise à une autre ou d'un produit à un autre : de la culture du maïs à celle de l'avoine, de la construction de scooters à celle de moto, etc. Au sein d'une branche, un producteur peut toujours disposer de capital ou de travail pour accroître la production d'un bien particulier. Le plein-emploi des facteurs est donc concevable au niveau de l'industrie tout entière (toutes les branches) mais pas à celui d'une branche particulière. Par conséquent, il faut reconsidérer la théorie de l'offre à ces deux niveaux d'analyse.

➜ L'offre au niveau de l'industrie tout entière

À ce niveau, toute progression de la production accroît la demande globale de travail et fait monter les salaires. Le niveau et la distribution des revenus, le coût relatif capital/travail, l'arbitrage travail/loisir sont alors modifiés. Par conséquent, la demande de consommation et d'investissement est également affectée. Autrement dit, toute variation de l'offre entraîne une variation de la demande qui rétroagit à son tour sur l'offre. L'idée d'une fonction d'offre et d'une fonction de demande se croisant pour déterminer un prix d'équilibre est donc une fiction vide de sens pra-

© Hachette Livre – La photocopie non autorisée est un délit.

tique. Cela supposerait deux fonctions strictement indépendantes ; dans l'économie réelle, offre et demande sont interdépendantes.

→ L'offre au niveau de la branche

À ce niveau, comme on l'a vu, Sraffa estime qu'il n'y a pas de capital fixe, et donc pas de rendements marginaux décroissants. Les entreprises peuvent donc accroître leur production à Pm et à Cm constants. Si le Cm est constant, une firme n'a pas besoin d'une hausse du prix pour décider une augmentation de production. Tant que le prix de marché est supérieur au Cm constant, toute production supplémentaire améliore le profit. Les producteurs développent donc leur production tant qu'ils trouvent des clients pour l'acheter et sans augmenter les prix. La courbe d'offre néoclassique n'existe pas. **Les firmes n'offrent pas une quantité de biens croissante avec le prix ; elles produisent à coûts et à prix constants en ajoutant une marge de profit à leur coût moyen, et ce tant qu'il y a de la demande.** Cette théorie est proche de la vieille théorie classique des « prix naturels » héritée de Richard Cantillon (1732) ; le prix de long terme est déterminé par le coût moyen de production ; à court terme, les prix fluctuent autour de ce prix naturel en fonction du rapport entre l'offre et la demande. Elle annonce aussi l'approche post-keynésienne de la firme. Pour finir, elle est confortée par l'observation.

→ Le comportement effectif des entreprises donne raison à Sraffa

Dans la plupart des entreprises, le capital n'est jamais pleinement utilisé, même en période de forte croissance ; il reste toujours des capacités de production en réserve pour accroître la production à la marge en améliorant le taux d'utilisation des capacités. Par ailleurs, les enquêtes sur les fonctions de coûts et les modes de fixation des prix qui sont effectivement utilisés dans les entreprises invalident la théorie néoclassique du Cm croissant et de la courbe d'offre croissante. Elles valident en revanche la thèse de Sraffa : coût stable et production offerte à un prix couvrant le coût plus une marge de profit, tant qu'il y a de la demande.

II. Le monopole

A– Définition et hypothèses du modèle

Le « monopole » est une entreprise qui se trouve seule à produire un bien ou un service et doit donc satisfaire la totalité de la demande exprimée sur le marché correspondant.

Quand on passe du modèle de la concurrence parfaite à celui du monopole, on abandonne en premier lieu l'hypothèse d'***atomicité*** (grand nombre de producteurs). Par ailleurs, certains types de monopole ne peuvent durer que parce que, pour une raison ou pour une autre, d'autres entreprises sont empêchées d'entrer sur le marché. Dans ce cas, on abandonne aussi l'hypothèse de ***libre accès au marché***. Les trois autres hypothèses du modèle de concurrence pure et parfaite sont compatibles avec le monopole.
Pour l'essentiel, les raisons de l'existence d'un monopole entrent dans l'une des trois catégories suivantes : monopole naturel, monopole d'innovation ou monopole légal.

→ Le monopole naturel

Les ***conditions techniques*** de production et la ***taille du marché*** font qu'à long terme, des entreprises concurrentes ne sont jamais rentables. Dans ce cas, le processus concurrentiel lui-même, par concentration progressive et élimination des producteurs les moins performants, débouche sur la constitution ***inéluctable*** d'un monopole. Nous verrons en particulier comment la présence de rendements croissants en longue période peut contribuer à l'apparition de monopoles.

→ Le monopole d'innovation

Particulièrement étudié par Schumpeter (1883-1950), cette catégorie rassemble les entreprises qui, à la suite d'une innovation technique, créent un nouveau produit et se trouvent momentanément seules à le distribuer sur le marché. Ce monopole a en commun avec le monopole naturel d'être le résultat du processus concurrentiel ; en revanche, il est toujours temporaire, la concurrence amenant plus ou moins rapidement d'autres entreprises à maîtriser l'innovation et à entrer à leur tour sur le marché.

→ Le monopole légal

On peut considérer que, dans tous les autres cas, le monopole ne subsiste que parce qu'il existe des obstacles réglementaires ou législatifs à l'entrée de concurrents sur le marché. En effet, si d'autres entreprises peuvent de façon rentable entrer sur un marché (pas de monopole naturel) et savent produire le bien qui y est échangé (pas de monopole d'innovation), il n'y a aucune raison pour qu'elles n'y entrent pas si l'accès est libre.

B– L'équilibre du monopole

Le monopole étant le seul offreur sur le marché, il se trouve confronté directement à la totalité de la demande exprimée sur ce marché. Contrairement à ce

© Hachette Livre – La photocopie non autorisée est un délit.

qui se passe pour l'entreprise concurrentielle, il n'y a pas de différence entre la demande à la firme et la demande de marché. Dès lors, le prix n'est pas fixé en dehors de l'entreprise par des forces de marché qui échappent à son influence, mais par l'entreprise elle-même, qui négocie seule avec la totalité des acheteurs. Le prix n'est plus une constante indépendante du volume de production (demande à la firme parfaitement élastique), mais une variable qui décroît avec la quantité produite (courbe de demande décroissante).

1. La courte période

Le monopole cherche à maximiser le profit. Le profit augmente tant que la recette totale augmente plus vite que le coût total, c'est-à-dire tant que la recette marginale (Rm) est supérieure au coût marginal (Cm). Le profit est maximum quand Rm = Cm. La condition d'équilibre est donc la même qu'en situation de concurrence, mais elle n'a pas les mêmes conséquences parce que, désormais, la recette marginale n'est plus égale à la recette moyenne (c'est-à-dire au prix). En effet, la recette moyenne est par définition le prix de vente unitaire, et elle est représentée par la courbe de demande. Comme on vient de l'expliquer, le monopole étant le seul vendeur, sa courbe de demande est tout simplement la demande de marché, qui est décroissante avec le prix. La recette moyenne du monopole est donc décroissante.

Si la recette moyenne est décroissante, la recette marginale est également décroissante et elle est inférieure à la recette moyenne (relation désormais familière entre variables moyennes et variables marginales). Nous représentons RM et Rm sur la figure 36.

Figure 36

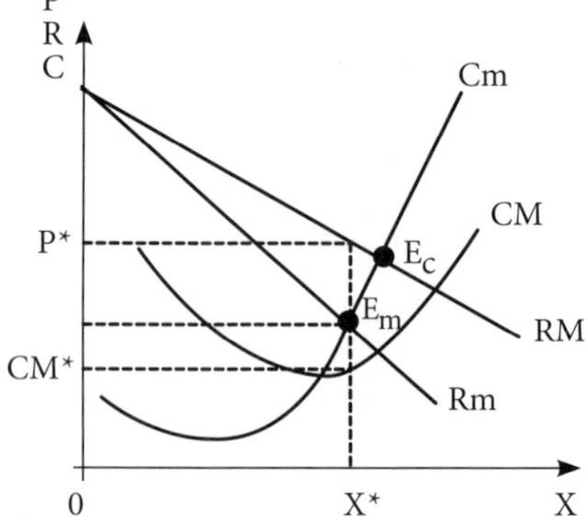

Le point d'équilibre du monopole est le point E_m. En ce point, Rm = Cm. La quantité qui maximise le profit est donc X*. Cette quantité peut être écoulée sur le marché à un prix P* indiqué par la courbe de demande. Le monopole fixe donc un prix supérieur au coût marginal, et par conséquent un prix supérieur à celui qui serait fixé par un marché concurrentiel : il s'éloigne d'une allocation optimale au sens de Pareto. Le prix étant plus élevé, la quantité échangée sera également moindre (à demande inchangée) qu'en situation de concurrence. Nous vérifierons ce résultat dans l'exemple numérique ci-dessous, mais on peut également en donner une illustration graphique, pour un cas particulier. Admettons que le monopole soit composé d'une série d'établissements ayant les mêmes coûts et qui pourraient constituer des entreprises indépendantes sur un marché concurrentiel. Dans ce cas, la courbe de coût marginal du monopole est équivalente à la somme des courbes de coût marginal des firmes concurrentes, c'est-à-dire à la somme des courbes d'offre individuelle : elle représente donc l'offre totale du marché concurrentiel (dans sa partie supérieure au coût moyen). Le point d'équilibre entre l'offre et la demande du marché concurrentiel est donc E_c ; on vérifie qu'en ce point, le prix est plus faible et la quantité plus importante qu'en E_m. Le monopole produit donc moins de richesses et les fait payer plus cher à la collectivité.

2. La longue période

Nous avons vu qu'en longue période, une firme concurrentielle ne peut pas rester dans une phase de rendements croissants parce qu'elle y réalise des pertes. En effet, dans cette phase le coût moyen est supérieur au coût marginal ; comme le prix de marché concurrentiel est égal au coût marginal, il est inférieur au coût moyen et on produit à perte ; l'entreprise doit fermer ses portes. En revanche, le monopole peut rester dans une phase de rendements croissants parce que son prix est largement supérieur au coût marginal. Tout comme la firme concurrentielle, le monopole peut être incité à développer ses capacités de production pour tirer profit des économies d'échelle. Mais il n'est pas systématiquement contraint d'aller jusqu'au coût moyen minimum. Le prix baissera moins et la quantité augmentera moins en longue période que sur un marché concurrentiel.

C– Exercice d'application

Reprenons l'exemple utilisé pour la concurrence pure et parfaite (section 1, D. ci-dessus). Imaginons que l'une des cent entreprises concurrentielles prenne le contrôle de toutes les autres. Nous avons désormais un monopole qui dispose de 100 établissements aux techniques et aux coûts de production identiques.

© Hachette Livre – La photocopie non autorisée est un délit.

La demande est toujours définie par la relation : $X = 2\,000 - 100\,P$.

1. La fonction de coût du monopole

Déterminons la fonction de coût du monopole (C_{mo}). Elle est la somme des fonctions de coût des 100 établissements, soit :

$$C_{mo} = 100 \cdot C_f$$

$$C_{mo} = 100 \cdot (40 + X_f^2) = 4\,000 + 100\,X_f^2$$

Mais nous devons exprimer le coût du monopole en fonction de la production totale du monopole (X_{mo}). Comme, par définition, X_f représente un centième de X_{mo}, nous avons :

$$C_{mo} = 4\,000 + 100\left(\frac{X_{mo}}{100}\right)^2 = 4\,000 + 0{,}01\,X_{mo}^2$$

On a donc un **coût moyen** :

$$CM = \frac{4\,000}{X_{mo}} + 0{,}01\,X_{mo}$$

et un **coût marginal** :

$$Cm = 2\,.\,0{,}01\,X_{mo} = 0{,}02\,X_{mo}.$$

2. Les recettes du monopole

La grande différence avec la situation des firmes concurrentielles tient à ce que le prix n'est plus une donnée constante quelle que soit la quantité vendue, mais une variable décroissante avec la quantité.

La **recette moyenne**, RM, identique au prix, nous est donnée par l'équation de demande. En effet, si $X_d = 2\,000 - 100\,P$, on en déduit que :

$$100\,P = 2\,000 - X_d.$$

En divisant par 100 des deux côtés, il vient :

$$P = RM = 20 - 0{,}01\,X_d = 20 - 0{,}01\,X_{mo}$$
$$(\text{à l'équilibre, } X_d = X_{mo}).$$

La **recette totale** est donc : $RT = RM\,.\,X_{mo} = 20\,X_{mo} - 0{,}01\,X_{mo}^2$.

La **recette marginale** est la dérivée de la recette totale, soit :

$$Rm = 20 - 0{,}02\,X_{mo}.$$

3. L'équilibre du monopole

Le profit est maximum quand Rm = Cm, c'est-à-dire quand :

$$Rm = 20 - 0,02\ X_{mo} = Cm = 0,02\ X_{mo},$$

d'où : $20 = 0,04\ X_{mo}$

et : $X_{mo} = 20 / 0,04 = 500.$

La production optimale est donc de 500. Elle pourra être écoulée sur le marché à un prix indiqué par la fonction de demande et dont nous avons montré plus haut qu'il était égal à :

$$P = 20 - 0,01\ X_{mo} = 20 - 0,01 . 500 = 20 - 5 = 15.$$

En appliquant la formule établie plus haut, le coût moyen, CM, est égal à 13. En conséquence on peut calculer le profit du monopole :

$$\pi_{mo} = X_{mo}(P - CM) = 500\ (15 - 13) = 1\ 000.$$

On peut à présent comparer l'équilibre de courte période du marché concurrentiel et du marché après installation du monopole :

	CONCURRENCE	MONOPOLE
QUANTITÉ TOTALE	666,66	500
PRIX	13,33	15
PROFIT TOTAL	446,66	1 000

On vérifie que la disparition de la concurrence se traduit par une élévation du prix et des profits et une réduction de la quantité totale produite sur ce marché.

D– Le monopole discriminant

Pour le monopole, le prix est une variable de décision et non une donnée de marché qui s'impose à lui. Dans la limite des contraintes imposées par l'élasticité de la demande, il peut donc agir sur le prix ; en particulier, rien ne l'oblige à pratiquer ***le même prix*** pour toutes les unités vendues ou pour tous les clients. Au contraire, s'il s'avère que les acheteurs sont disposés à payer certaines unités plus cher que d'autres, ou encore que certains clients sont disposés à payer plus cher que d'autres clients, le monopole est incité à opérer une discrimination par les prix.

© Hachette Livre – La photocopie non autorisée est un délit.

1. La discrimination entre les clients

La discrimination entre les clients est possible si l'on peut ***identifier des catégories d'acheteurs*** dont l'élasticité de la demande est différente. Par exemple, si l'on constate que les jeunes consommateurs sont, pour certains produits ou services, plus sensibles au prix que les autres, on pourra pratiquer un tarif jeune plus avantageux et, au contraire, augmenter le prix pour les groupes moins sensibles au prix.

Une autre condition est nécessaire : il faut pouvoir ***interdire les transactions secondaires*** entre les clients (c'est-à-dire, par exemple, empêcher les étudiants de revendre leurs billets de cinéma à ceux qui, dans la file d'attente, n'ont pas de carte d'étudiant).

2. La discrimination entre les unités consommées

Comme nous l'avons montré dans l'analyse du surplus du consommateur (voir figure 30, p. 93), les consommateurs sont disposés à payer plus cher les premières unités, puis de moins en moins cher les suivantes. En leur facturant un prix unique (le prix d'équilibre) pour toutes les unités consommées, on leur laisse ainsi un surplus de satisfaction par rapport au prix payé pour toutes les unités sauf la dernière. L'entreprise concurrentielle ne peut pas faire autrement puisqu'elle ne fixe pas le prix. Mais le monopole, lui, est incité à prélever une partie de ce surplus en faisant payer les premières unités achetées plus cher que les suivantes.

3. Le monopole parfaitement discriminant

À la limite, un monopole parfaitement discriminant parvient à faire payer chaque unité au prix correspondant sur la courbe de demande. Ainsi, sur la figure 37, le monopole fixe un prix P_1 pour la première unité vendue, puis P_2 pour la deuxième, et ainsi de suite jusqu'à P_n pour la $n^{ième}$ unité. Les acheteurs paient chaque unité exactement ce qu'ils étaient disposés à sacrifier pour l'obtenir : le surplus du consommateur s'annule et est totalement accaparé par le producteur.

Notons aussi que la recette marginale (la recette associée à chaque unité supplémentaire) est désormais égale au prix payé pour chaque unité ; elle est donc confondue avec la courbe de demande ; le nouveau point d'équilibre pour lequel Rm = Cm est donc E sur la figure 37 ; ce point d'équilibre est le même qu'en situation d'équilibre concurrentiel (point E_c de la figure 36, p. 108). Ainsi, la discrimination parfaite permet au monopole de produire autant qu'un marché concurrentiel et à un prix égal au coût marginal comme le ferait une firme concurrentielle. La discrimination ne permet donc pas seulement d'accroître les profits du monopole, elle permet aussi une allocation des ressources aussi efficace qu'en régime de concurrence.

Figure 37

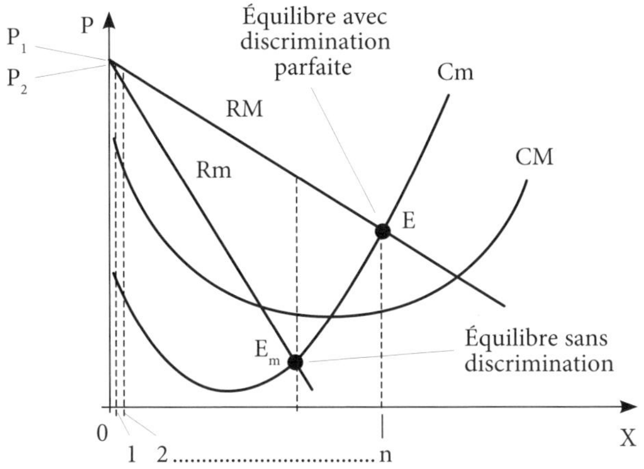

E– Le monopole naturel

La persistante de rendements d'échelle croissants peut contribuer à l'apparition de monopoles « naturels ». Dans cette situation, en effet, des entreprises concurrentielles ne seraient pas rentables. On a montré plus haut que le seuil de rentabilité pour ces entreprises se situait au moment où le coût moyen commence à croître, c'est-à-dire quand les rendements moyens commencent à décroître. Donc, dans cette phase, seul un monopole – qui pratiquera un prix nettement supérieur au coût marginal et dégagera un profit – peut subsister.

Cette situation peut se produire quand les coûts fixes de production sont considérables par rapport au coût variable. On peut penser, par exemple, au coût de production de l'hydroélectricité : le coût des installations techniques engagé avant même que le premier Kwh ait été produit par la centrale hydroélectrique est démesuré par rapport aux coûts variables engagés ensuite pour assurer le fonctionnement de la centrale. Dans ce cas, le poids considérable des coûts fixes fait que le coût moyen reste très longtemps décroissant ; il faut atteindre un volume de production très important avant que l'élévation du coût variable moyen ne compense la diminution du coût fixe moyen. Ainsi, dans certains secteurs où le coût des infrastructures de départ devient de plus en plus important (énergie, transports ferroviaires…), les petites entreprises concurrentes présentes

© Hachette Livre – La photocopie non autorisée est un délit.

au départ sont contraintes à la faillite ou à la fusion progressive pour atteindre les volumes de production permettant d'amortir les investissements initiaux. Si ce volume de production minimum (l'échelle minimum efficace) représente le tiers ou la moitié du volume que l'on peut écouler sur le marché, il reste de la place pour trois ou deux entreprises ; s'il est proche du volume total que le marché peut absorber, il ne restera qu'une seule grande entreprise : un monopole naturel, engendré par le processus concurrentiel.

Ainsi, dans une économie de marché, le nombre d'entreprises sur un marché ne dépend pas du bon vouloir des entrepreneurs ou des pouvoirs publics ; il dépend du rapport entre la taille du marché à satisfaire et l'échelle minimum efficace.

6 chapitre

Concurrence imparfaite et marchés contestables

La concurrence parfaite et le monopole sont des cas extrêmes, que l'on rencontre rarement dans le monde réel où règnent plutôt des situations intermédiaires de concurrence plus ou moins imparfaite.

En premier lieu, même sur un marché concurrentiel, les producteurs peuvent ***s'entendre***, fixer le prix comme s'il y avait un monopole et se partager la production et les super-profits associés au monopole. Mais la théorie du ***cartel*** montre que les ***coûts de négociation et de surveillance*** de ce type d'accord rendent les ententes difficiles et éphémères. Une autre façon de limiter la concurrence consiste à ***différencier*** son produit des autres biens vendus sur le même marché. Si la firme parvient à convaincre une partie de la clientèle que son produit a des caractéristiques uniques (esthétique, qualité, marque, etc.), elle détient un certain pouvoir de monopole sur ce produit. Il se développe alors une ***concurrence monopolistique*** où chaque entreprise peut fixer un prix différent des autres, mais où une vive concurrence s'exerce pour distinguer son produit des produits voisins. Enfin, la concurrence peut être réduite en situation d'***oligopole***, où quelques entreprises dominent le marché et ont un poids suffisant pour en influencer le fonctionnement. Les firmes adoptent alors un comportement ***stratégique*** : leurs décisions dépendent de la façon dont elles anticipent les réactions de leurs concurrents.

Dans les trois structures précédentes (entente, concurrence monopolistique, oligopole), la concurrence est limitée par une réduction directe ou indirecte du nombre de producteurs indépendants, et on s'éloigne de la tarification au coût marginal qui est censée garantir l'allocation optimale des ressources. Cependant, la théorie des ***marchés contestables*** montre que le nombre de producteurs n'est pas le critère déterminant du degré de concurrence : seule importe vraiment la contestabilité du marché, c'est-à-dire la possibilité pour des firmes extérieures d'y entrer et d'en sortir sans coûts élevés. Si le marché est contestable, quelle que soit sa structure, la menace d'entrée des concurrents potentiels contraint les firmes déjà en place à s'approcher des conditions de fonctionnement de la concurrence parfaite et de la tarification au coût marginal.

I. Le cartel

Le cartel est un ensemble de producteurs qui s'entendent, sur un marché donné, pour réduire la quantité produite et/ou faire monter le prix de vente.

A– L'objectif du cartel : la maximisation du profit

L'incitation à constituer un cartel ou une entente entre producteurs concurrentiels est claire. Nous venons de montrer qu'un monopole qui prendrait le contrôle de toutes les entreprises présentes sur un marché concurrentiel réaliserait un profit supérieur aux profits cumulés par toutes ces entreprises. Du point de vue de la branche dans son ensemble, l'équilibre du monopole est plus rentable que l'équilibre concurrentiel. Les producteurs sont donc incités à passer un accord entre eux de façon à limiter la concurrence.

Plus précisément, l'accord de cartel consiste à réduire la production et à élever le prix par rapport à l'équilibre concurrentiel, pour atteindre (ou approcher le plus possible) le point d'équilibre du monopole, qui maximise le profit dans la branche. Bien entendu, l'accord doit préciser comment le profit supplémentaire ainsi réalisé au détriment des acheteurs sera réparti entre les différents producteurs ; autrement dit, il faut définir des ***quotas***, c'est-à-dire la part de la production totale du cartel qui sera assurée par chacun des producteurs.

Il apparaît ainsi que tout marché concurrentiel aurait intérêt à recréer les conditions de marché du monopole par l'entente entre les producteurs. C'est pourquoi, dans le souci de protéger les consommateurs, les ententes entre producteurs sont, en règle générale, interdites et sanctionnées par la loi. Mais l'interdiction légale ne constitue pas le principal obstacle aux cartels. En effet, dans un État de droit, il n'est pas aisé d'établir la preuve d'une entente entre producteurs : rien n'interdit à ceux-ci de se réunir et de « discuter » sans laisser de traces matérielles du résultat de leurs réunions. Cependant, les cartels ne prolifèrent pas en raison des ***coûts de transaction et de surveillance*** élevés qu'ils imposent aux entreprises.

B– Les coûts du cartel

1. Coûts de négociation

En premier lieu, les coûts de négociation de l'accord de cartel augmentent rapidement avec le nombre des producteurs. Si les intérêts de tous les producteurs convergent tant qu'il s'agit d'élever le prix, en revanche ils sont divergents lorsqu'il s'agit de déterminer des quotas. La négociation des quotas ne va donc pas de soi et un accord quelconque n'est envisageable que si le nombre des parties prenantes à la discussion reste limité. Par conséquent, en raison des coûts de négociation élevés, un cartel est improbable sur un marché concurrentiel caractérisé par un nombre élevé de producteurs.

2. Coûts de surveillance

Même si le nombre de producteurs n'empêche pas de conclure un accord de cartel, les coûts de surveillance de cet accord peuvent être dissuasifs.

En effet, chaque producteur a intérêt à conclure l'accord pour maximiser le profit total du cartel, mais il a également intérêt à tricher pour accaparer une part de ce profit plus importante que prévue. Ainsi, une fois qu'un prix supérieur au prix d'équilibre concurrentiel a été fixé, chaque entreprise est incitée à pratiquer un prix légèrement inférieur au prix du cartel ou à octroyer des remises occultes pour capter une partie de la clientèle des autres membres du cartel. On peut également tricher sans agir sur le prix, mais en produisant et vendant plus que le quota fixé dans l'accord.

Tous les producteurs sont incités à tricher ; donc, s'il n'existe pas une surveillance étroite de leurs décisions par les autres membres du cartel, toutes les entreprises tricheront et l'on reviendra ainsi à la concurrence. Le cartel n'est viable que si la surveillance de l'accord est aisément réalisable pour chaque participant, et à un coût qui ne dépasse pas l'avantage retiré du cartel. Cela encore suppose un nombre limité de producteurs, ainsi qu'un nombre limité de points de vente.

3. La précarité du cartel

À long terme, si l'accord n'a pas déjà volé en éclats à la suite des « tricheries » des uns et des autres, un problème supplémentaire se pose au cartel. Les super-

© Hachette Livre – La photocopie non autorisée est un délit.

profits qu'il réalise attirent d'autres producteurs dans la branche et cela tend à reproduire les conditions de la concurrence. Même si l'on parvient à intégrer les nouveaux venus dans l'accord, le profit de chacun se trouvera réduit, soit par réduction du prix de vente sur le marché (si on laisse l'offre totale augmenter), soit par réduction des quotas individuels. Or, le mouvement des entrées sur le marché ne s'arrête pas tant que les profits sont positifs. En conséquence, à long terme, le marché retourne vers les conditions de la concurrence ; le cartel n'est pas viable, sauf s'il est protégé des nouveaux entrants par une réglementation limitant l'accès au marché.

La théorie du cartel montre ainsi qu'un cartel peut être couronné de succès à court terme, mais pas en permanence ; l'expérience confirme assez largement cette conclusion.

La théorie du cartel a le mérite d'attirer l'attention sur l'incitation permanente des producteurs à s'entendre pour limiter la concurrence par les prix. Si cette incitation ne débouche pas sur des accords explicites en raison des dispositions légales et surtout des coûts de négociation et de surveillance de tels accords, elle peut néanmoins contribuer à une entente implicite entre les producteurs. En effet, si le nombre de producteurs sur le marché permet à chacun de savoir assez rapidement quels sont les prix pratiqués par les uns et les autres, les entreprises peuvent tacitement s'entendre pour éviter une guerre permanente des prix qui réduirait rapidement leurs profits. Il est possible de favoriser le respect d'une entente implicite de ce type en faisant porter une partie du coût de surveillance des concurrents par les acheteurs eux-mêmes. Par exemple, on peut garantir le remboursement d'un article ou offrir un cadeau au client qui trouvera le même article moins cher chez un concurrent, et transformer ainsi à moindre frais chaque client en inspecteur.

II. La concurrence monopolistique

La concurrence monopolistique désigne une situation où un grand nombre d'entreprises concurrentes parviennent à acquérir un certain pouvoir de monopole, c'est-à-dire une demande à la firme imparfaitement élastique, grâce à une différenciation de leur produit.

A– L'hétérogénéité du produit, facteur de monopole

1. La différenciation du produit

Si la taille du marché et les conditions techniques de production entraînent la présence d'un nombre relativement important de producteurs, le marché est, au moins en partie, de nature concurrentielle. Mais, en même temps, comme vient de le rappeler la théorie du cartel, les entreprises concurrentielles sont également incitées à limiter la concurrence par les prix dans la mesure où cette dernière réduit la rentabilité de la branche dans son ensemble ; elles peuvent donc chercher à développer une ***concurrence hors prix*** en jouant sur les autres caractéristiques du produit. Cette stratégie consiste à différencier leur produit de ceux proposés par les concurrents, de façon à convaincre la clientèle qu'il est en quelque sorte unique.

Si cette politique de différenciation du produit réussit, l'entreprise acquiert une sorte de monopole sur son produit.

Ce mélange de concurrence et de monopole a amené Chamberlin à décrire ce type de situation par les termes de « concurrence monopolistique » (dans *The Theory of monopolistic Competition*, 1933). Sur le plan théorique, le modèle de la concurrence monopolistique retient donc toutes les hypothèses de la concurrence parfaite, sauf une : l'homogénéité du produit.

2. Les techniques de différenciation

La différenciation rend les produits hétérogènes ; bien qu'ils soient, sur un même marché, destinés au même usage, les acheteurs ne les considèrent plus comme identiques en raison de caractéristiques associées au produit et qui sont spécifiques à chaque entreprise particulière. Cette différenciation prend plusieurs formes :

- différenciation dans l'***environnement*** du produit : services liés au produit, service après-vente, sourire de la marchande, etc. ;
- différenciation ***objective*** du produit : action sur la couleur, l'esthétique, la résistance, etc. ;
- différenciation ***subjective*** du produit : il s'agit de convaincre la clientèle que le produit est plus « à la mode » ou « branché » que les autres, ou encore du prestige de la marque, etc.

Le développement des stratégies de différenciation incite naturellement les entreprises à faire un usage croissant des différents moyens de communication et notamment de la publicité.

© Hachette Livre – La photocopie non autorisée est un délit.

B– L'équilibre de la firme en concurrence monopolistique

En courte période, l'équilibre de la firme en concurrence monopolistique peut être décrit comme celui d'un monopole. En effet, si la politique de différenciation est réussie, l'entreprise n'est plus confrontée à une demande parfaitement élastique, comme en concurrence parfaite, mais à une demande décroissante, plus ou moins élastique selon le succès de la différenciation. Plus les clients potentiels sont convaincus que la firme est la seule à produire un ensemble spécifique de caractéristiques associées au produit et dont ils ont besoin, plus leur demande est ***rigide*** (insensible) au prix (demande à la firme proche d'une droite verticale) ; au contraire, plus ils pensent que les autres produits disponibles sur le même marché peuvent être substitués à celui de la firme, plus leur demande à la firme est élastique par rapport au prix (demande à la firme proche d'une droite horizontale). L'entreprise dispose donc d'un pouvoir de fixation simultané du prix et de la quantité, comme un monopole ; ce pouvoir n'est limité à court terme que par le degré d'élasticité de la demande.

En courte période, donc, l'équilibre de la firme est le point E_1 sur la figure 38 (qui reprend simplement l'équilibre du monopole déjà présenté sur la figure 36). En longue période, en revanche, la situation de la firme se distingue nettement de celle d'un monopole pur. En effet, les profits de monopole réalisés par la firme qui a réussi sa politique de différenciation attirent d'autres entreprises.

Figure 38

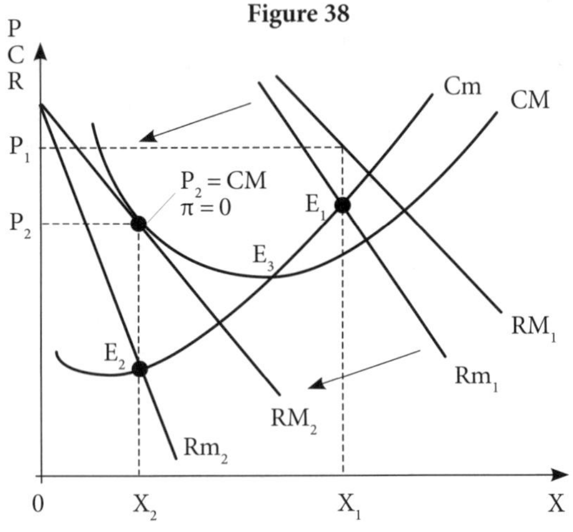

À long terme, rien n'empêche d'autres producteurs d'imiter cette politique et d'offrir à la clientèle le même ensemble de caractéristiques. Ce faisant, les nouveaux venus captent une partie des clients de la firme, et la demande à cette firme diminue en proportion. Tant que des profits positifs persistent, l'offre de nouveaux producteurs se développera ; par conséquent, en longue période, la demande à la firme se déplace régulièrement vers la gauche jusqu'au moment où le prix est égal au coût moyen : le profit est alors nul. Il s'agit du point E_2 sur la figure 38, où la courbe de demande (la recette moyenne) est tangente à la courbe de coût moyen.

Le point E_2 se trouve dans une phase où le coût moyen est décroissant. Ainsi, contrairement à ce qui se passe en situation de concurrence, l'équilibre de longue période ne conduit pas au coût moyen minimum (point E_3).

III. L'oligopole

L'oligopole est la situation d'un marché où le nombre des producteurs est suffisamment limité pour que les décisions de l'un d'entre eux aient une influence sur les décisions des autres.

En concurrence parfaite, l'entreprise sait qu'elle peut écouler n'importe quelle quantité au prix de marché, parce qu'elle représente une part trop négligeable du marché total pour que sa décision de production puisse modifier l'équilibre du marché. Tel n'est plus le cas en situation d'oligopole. Dans ce cas, en effet, aucun producteur n'est une quantité négligeable sur le marché. Le volume de production arrêté par une entreprise a une influence suffisamment significative sur la production totale de la branche pour que les autres producteurs en tiennent compte dans leurs propres décisions. Ainsi, au moment de définir le volume de production, chaque firme doit envisager la réaction que sa décision entraînera chez ses concurrents. En l'absence d'entente préalable entre eux, les producteurs doivent faire des prévisions (des anticipations) sur les plans de leurs concurrents ; ils peuvent aussi tenter d'influencer ces plans par l'information, exacte ou déformée, qu'ils donnent sur leurs propres intentions. On le voit, l'oligopole entraîne un comportement de type ***stratégique***, c'est-à-dire qui détermine des plans d'action contingents à la réalisation de différentes hypothèses. La variable stratégique essentielle est soit ***le prix*** – quand les entreprises peuvent suffisamment différencier leurs produits pour disposer d'un certain pouvoir de fixation du prix –, soit ***la quantité produite*** – quand le produit est homogène et que, en conséquence, le prix est unique et imposé par le marché.

© Hachette Livre – La photocopie non autorisée est un délit.

1. Oligopole avec différenciation du produit : la courbe de demande « coudée »

Comme nous l'avons montré dans l'étude de la concurrence monopolistique, lorsque l'entreprise a un produit différencié, un prix unique de marché ne s'impose pas et elle a la possibilité d'agir sur le prix. Mais en situation d'oligopole, elle doit tenir compte de la réaction des autres entreprises. On peut supposer que les concurrents réagiront plus vite et plus fortement si la firme baisse son prix que si elle l'augmente ; en effet, en baissant le prix, elle menace directement leurs parts de marché, tandis qu'en le relevant, elle prend le risque de réduire sa propre part du marché. En conséquence, la firme doit s'attendre à voir la demande de son produit diminuer rapidement quand elle relève son prix, parce que les concurrents la suivent peu ou lentement dans cette voie ; en revanche, elle s'attend à voir sa demande progresser lentement si elle baisse son prix, parce que les concurrents baisseront rapidement leur prix pour conserver leur clientèle.

Figure 39

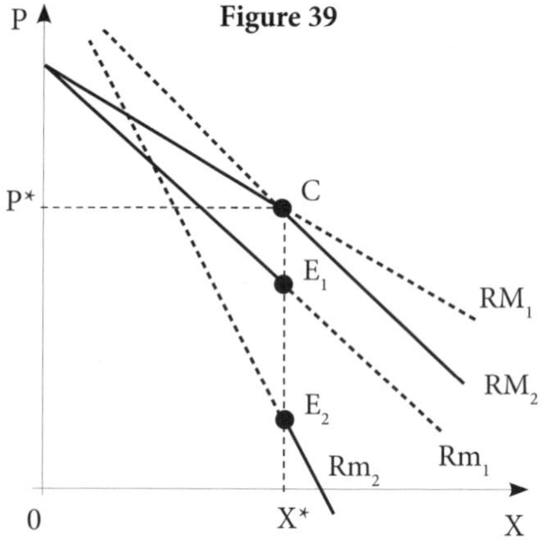

Autrement dit, quand on part d'un prix d'équilibre donné (P* sur la figure 39), la demande à la firme est plus élastique à gauche de ce point (quand le prix s'élève) qu'à droite (quand le prix diminue) ; la courbe de demande est « coudée » au prix d'équilibre initial P* (au point C).

Rappelons que la courbe de demande est la recette moyenne de la firme, RM. Ainsi, à la courbe RM_1 est associée une recette marginale Rm_1 (nous les prolongeons en pointillés pour montrer ce que seraient la demande et les recettes si les autres entreprises ne réagissaient pas à la baisse du prix). À partir du point C, la firme passe sur une courbe de demande plus élastique (RM_2) à laquelle est associée la recette marginale Rm_2. La conséquence remarquable d'une demande coudée est donc que la recette marginale marque une discontinuité en dessous du prix P*. Cette analyse ne constitue pas une véritable théorie de l'oligopole, dans la mesure où elle n'explique pas le prix d'équilibre P*. Mais elle a le mérite de montrer qu'une fois établi, ce prix d'équilibre sera relativement stable. En effet, la figure 39 montre que si l'entreprise est confrontée à des variations de coûts, le prix et la quantité qui maximisent son profit restent inchangés tant que le coût marginal varie entre les points E_1 et E_2 ; en effet, entre ces deux points, Cm = Rm pour une quantité X* constante. Ce résultat est conforme à la plupart des observations sur les politiques de prix des grandes entreprises. Un monopole ou une entreprise en concurrence monopolistique qui seraient confrontés à une courbe de demande continûment décroissante, seraient pour leur part incités à répercuter plus rapidement les variations de coûts sur leurs prix.

2. Oligopole sans différenciation du produit

Si le produit est homogène (identique aux yeux des acheteurs), il ne peut subsister plusieurs prix différents sur le marché, car la totalité de la demande s'adresse instantanément à la firme qui pratique le prix le plus bas ; le prix qui équilibre l'offre et la demande est donc un prix unique qui s'impose à toutes les firmes de l'oligopole. Si une entreprise pratiquait un prix inférieur, même de façon insignifiante, elle serait aussitôt et totalement suivie par tous les autres producteurs, et sa part de marché resterait inchangée : elle ne parviendrait qu'à réduire ses profits (et ceux de la branche tout entière). En revanche, chaque firme maîtrise la quantité produite, et c'est donc cette dernière qui constitue la variable stratégique.

En situation de concurrence parfaite, si l'entreprise décide d'augmenter sensiblement sa production, cela n'a aucun effet sur la production des autres firmes, et donc aucun effet notable sur l'offre totale du marché et le prix d'équilibre. En revanche, en oligopole, les concurrents, craignant de perdre des parts de marché, peuvent réagir en développant aussi leur production ; dans ce cas, l'offre totale sur le marché augmente fortement et fait baisser le prix d'équilibre et les profits. Si les autres ne réagissent pas, le prix de marché ne baisse pas ou peu, la firme accroît sa part du marché et ses profits. La stratégie adoptée par la firme dépend donc des anticipations qu'elle fait sur les réactions des firmes concurrentes ; il s'agit en quelque sorte d'un pari dont l'analyse fait l'objet de la « théorie des jeux » (branche des mathématiques appliquées qui vise à formaliser les comportements stratégiques de joueurs interdépendants).

On peut illustrer le type d'analyse de l'oligopole auquel conduit la théorie des jeux par un exemple très simple, directement inspiré d'un exemple proposé par W. Tucker et connu sous le nom de « dilemme du prisonnier ».

→ Le dilemme du prisonnier

Imaginons deux complices (A et B) d'un crime, arrêtés et interrogés séparément, incapables de communiquer entre eux. Les opportunités offertes à chaque prisonnier sont les suivantes : si les deux nient le crime, ils encourent une peine légère ;

© Hachette Livre – La photocopie non autorisée est un délit.

si les deux avouent, ils encourent une peine lourde ; si l'un avoue tandis que l'autre nie, celui qui a avoué et accusé son complice est relâché, et l'autre exécuté. Bien entendu, les complices auraient intérêt à nier ensemble. Mais, en l'absence de possibilité de communication, la stratégie optimale d'un individu pris séparément consiste à avouer. Par exemple, raisonnons du point de vue de B. Si A avoue, B a le choix entre la mort (s'il nie) ou une lourde peine (s'il avoue) ; si A nie, B a le choix entre une peine légère (s'il nie) et la liberté (s'il avoue). Quelle que soit la décision que prendra A, B a intérêt à avouer. Un raisonnement symétrique peut être tenu pour A. A et B seront donc condamnés à une lourde peine !

→ Les stratégies de marché en oligopole

Imaginons un marché comprenant deux producteurs, A et B. Le tableau ci-dessous décrit les profits réalisés par A (chiffres en gras) et par B, selon que A et B décident une production forte ou faible. Il existe donc quatre solutions possibles :

- ***Solution 1. Agression réciproque*** : A et B décident une forte production ; ils obtiennent un profit identique, égal à 5.
- ***Solution 2. Cartel ou « collusion »*** : A et B s'entendent pour réduire leur production simultanément et faire monter le prix ; leur profit est égal à 7.
- ***Solution 3. Attaque réussie de A*** : A a une production forte et B ne suit pas. A réalise un profit maximum (10) en prenant des parts de marché importantes à B, et les profits de B s'annulent. Sur le marché, l'augmentation de la production fait baisser le prix ; A compense cette baisse du prix en augmentant sa part de marché, tandis que B voit simplement fondre ses profits.
- ***Solution 4. Attaque réussie de B*** : situation symétrique de la précédente. B réalise un profit maximum égal à 10 et les profits de A s'annulent.

PROFITS DE A (EN GRAS) ET DE B SELON LEURS VOLUMES DE PRODUCTION

		PRODUCTION DE A			
		forte		faible	
PRODUCTION DE B	forte	**5**	5	**0**	10
	faible	**10**	0	**7**	7

→ Le dilemme de l'oligopole

On peut vérifier que, tout comme dans le dilemme du prisonnier, la stratégie optimale de chaque producteur le conduit à une décision qui n'est pas optimale d'un point de vue collectif. Déterminons, par exemple, la stratégie optimale de

A : si la production de B est faible, A doit avoir une production forte (il gagne 10 au lieu de 7) ; si la production de B est forte, A doit également avoir une production forte (il gagne 5 au lieu de 0). Ici, il existe pour A une ***stratégie dominante***, c'est-à-dire qui est optimale quelle que soit la décision prise par B. Un raisonnement symétrique peut montrer que B doit également avoir une production forte. La solution 1 constitue la stratégie dominante pour les deux acteurs (joueurs) en présence ; elle est donc la solution d'équilibre du marché (appelée « ***équilibre de Nash*** »).

Ainsi, dans cette situation, A et B choisiront tous deux une production forte et un profit égal à 5, alors qu'ils pourraient réaliser chacun un profit de 7 en réduisant tous deux leur production. Cet exemple simple illustre à nouveau l'incitation permanente à conclure des contrats d'entente pour limiter les effets de la concurrence. Mais quand de tels contrats sont impossibles ou trop coûteux à réaliser et à surveiller, l'équilibre de l'oligopole oscille en permanence entre la tentation d'une concurrence à outrance pour « envahir » le marché et celle d'une entente implicite pour limiter les effets nocifs de la concurrence sur les profits ; cela peut engendrer un cycle instable, caractérisé par l'alternance de phases de vive concurrence et de phases d'entente.

L'instabilité peut aussi provenir de ce que, à l'inverse de ce qui se passe dans notre exemple ci-dessus, les entreprises n'ont pas de stratégie dominante. La stratégie optimale d'une entreprise dépend alors de la stratégie qui sera adoptée par les autres ; les décisions de chacun peuvent entraîner des réactions en chaîne qui ne convergent pas nécessairement vers un équilibre stable du marché.

IV. Les marchés contestables

1. L'importance du nombre d'entreprises dans la théorie des marchés

Jusqu'ici, nous avons, dans l'étude de la structure des marchés, accordé une place très importante au nombre d'entreprises en concurrence. En cela, nous suivons la théorie microéconomique traditionnelle. Dans cette optique, il existe un modèle idéal qui permet d'atteindre la meilleure allocation des ressources, grâce à la tarification des biens et services à leur coût marginal et à l'incitation permanente à atteindre le coût moyen minimum. Ce modèle est celui de la concurrence parfaite, et il se caractérise en premier lieu par le grand nombre d'entreprises, qui empêche toute concentration du pouvoir de fixation des prix dans les mains des

© Hachette Livre – La photocopie non autorisée est un délit.

producteurs individuels. Dès que le nombre d'entreprises se réduit, on s'éloigne de l'optimum concurrentiel. Le cas extrême est bien entendu celui où il ne reste qu'un seul producteur, le monopole. Mais, dans tous les autres cas (oligopole, cartel, concurrence monopolistique), on obtient presque toujours un résultat de même nature qu'en situation de monopole : le pouvoir économique acquis par certains producteurs leur permet de pratiquer un prix supérieur au coût marginal, et le coût moyen n'est pas à son minimum en longue période. Or, toutes ces situations se traduisent par une réduction du nombre de producteurs indépendants (même si l'atomicité est préservée en concurrence monopolistique, la différenciation permet à la firme de se comporter ***comme si*** elle était seule ou presque à produire un bien ayant certaines caractéristiques). Dès lors, dans l'optique traditionnelle, la préservation de la concurrence a souvent été assimilée au maintien d'un grand nombre d'entreprises. D'où la condamnation libérale, des monopoles bien entendu, mais aussi d'une trop forte concentration des entreprises.

Cette approche a été remise en cause par la théorie des « marchés contestables » développée à partir d'un ouvrage publié en 1982 par W. J. Baumol, J. C. Panzar et D. Willig *(Contestable Markets and the Theory of Industry Structure)*. Cette théorie ne contredit pas la plupart des résultats traditionnels que nous avons présentés ici ; elle permet plutôt une meilleure utilisation de ces résultats en proposant une conception plus large et plus convaincante de la nature du processus concurrentiel.

2. La contestabilité

Une idée simple fonde la théorie des marchés contestables : ce qui détermine le degré de concurrence et le comportement de la ou des firmes présentes sur le marché, est moins le nombre de concurrents que la possibilité, plus ou moins grande, qu'ont des firmes extérieures au marché d'y entrer et de contester la position acquise par les firmes en place.

Pour qu'un marché soit contestable, deux conditions doivent être remplies : la ***liberté d'entrée*** sur le marché (ce qui était déjà l'une des hypothèses de la concurrence pure et parfaite) et la ***liberté de sortie***, ou plutôt la ***facilité*** de sortie (ce qui constitue un élément nouveau).

L'apport essentiel de la théorie des marchés contestables se situe donc dans l'attention apportée à la liberté de sortie. En effet, pour qu'une entreprise nouvelle tente de concurrencer (contester) des firmes déjà installées sur un marché, il ne suffit pas qu'elle puisse y entrer librement. Il faut également qu'elle ne risque pas un montant trop important de pertes irrécupérables si sa tentative venait à échouer. Pour entrer, il faut en effet procéder à divers investissements : études de marché, études techniques, équipements, campagne publicitaire, etc. Si, au bout de quelque temps, la nouvelle entreprise s'aperçoit qu'elle ne parvient pas à atteindre la rentabilité qu'elle escomptait en entrant sur le marché, elle souhaitera se retirer. Si elle a pu amortir une bonne partie des coûts fixes engagés au départ, si elle peut revendre aisément les équipements mis en place ou les utiliser dans ses autres secteurs d'activité, etc., le coût de sortie restera faible. Plus le coût de sortie est faible, plus les concurrents extérieurs sont tentés par une entrée sur un marché ; plus il est élevé et moins le marché est contestable. Cela nous conduit à la définition d'un marché parfaitement contestable :

Un marché parfaitement contestable est un marché où la liberté d'entrée est totale, et où les entreprises qui sortent après une tentative d'entrée ratée ne risquent pas d'autres coûts que l'amortissement normal des moyens de production engagés.

3. Les effets de la contestation

Si le coût de sortie d'un marché est nul ou très faible, les firmes extérieures au marché ne prennent pratiquement aucun risque en tentant d'y prendre place. Dans ce cas, les entreprises présentes sur le marché doivent tenir compte, non seulement de la concurrence des autres producteurs déjà présents, mais aussi de la concurrence potentielle de toutes les firmes extérieures qui pourraient facilement entrer sur le marché. En conséquence, sur un marché contestable, même s'il y a peu de producteurs, voire un seul producteur, ceux-ci (ou celui-ci) peuvent être conduits à se comporter comme des firmes en situation de concurrence parfaite afin d'échapper à la menace permanente des concurrents potentiels.

Ainsi, un monopole ou une firme en concurrence monopolistique ne peuvent durablement réaliser des super-profits, par rapport aux firmes concurrentielles, que si elles ne subissent pas la menace d'entrée de nouvelles entreprises. Mais si le marché est contestable (libre entrée, pas de coûts de sortie), n'importe quelle entreprise peut entrer sur le marché pour vendre le même bien ou service au prix élevé qui permet les super-profits, et prendre sa part de la rente des producteurs déjà en place. L'offre totale augmentant sur le marché, les entreprises en place devront finalement réagir en baissant leur prix (ce qui fera baisser les profits), et le mouvement devrait durer tant que subsistent des profits supérieurs à ceux que l'on peut réaliser dans les secteurs concurrentiels. Si les coûts de sortie sont nuls ou négligeables, la nouvelle entreprise peut très bien repartir dès que la réaction des firmes en place a entraîné la chute des prix et des profits : elle opère ainsi un

© Hachette Livre – La photocopie non autorisée est un délit.

« raid » sur un marché qu'elle peut quitter dès qu'il cesse d'être profitable. Pour éviter les raids de ce type et leurs effets déstabilisants sur les entreprises en place, ces dernières peuvent être contraintes à pratiquer des prix qui dissuadent les entrées sur le marché, c'est-à-dire des prix qui n'autorisent qu'un profit normal en courte période comme sur un marché parfaitement concurrentiel. Ainsi, si le marché est parfaitement contestable, un oligopole, un monopole ou un marché de concurrence monopolistique peuvent très bien être conduits à pratiquer une tarification au coût marginal. Quelle que soit la structure du marché, tout le monde ne peut retirer qu'un profit normal de type concurrentiel ; les entrées et les sorties effectives ou potentielles sur les marchés réalisant des super-profits se chargent de laminer ces derniers. On vérifie d'ailleurs empiriquement que les taux de profit réalisés dans différents secteurs sont largement indépendants du degré de concentration des entreprises.

Bien entendu, certains marchés restent par nature difficilement contestables en raison des coûts fixes considérables et irrécupérables en cas d'échec (cas des monopoles naturels) ou grâce à la disposition momentanée d'une technologie et d'un savoir-faire uniques (cas du monopole technologique temporaire).

Le résultat remarquable de la théorie des marchés contestables est donc de démontrer que les effets attendus de la concurrence parfaite ne dépendent pas d'abord du nombre de producteurs mais de la liberté d'entrée et de sortie sur les marchés. En conséquence, une politique de la concurrence ne doit pas lutter systématiquement contre la concentration des entreprises comme un mal en soi, mais chercher à préserver les conditions de la contestabilité.

7 chapitre

Équilibre général et optimum économique

Dans les chapitres précédents, on s'intéresse à des marchés particuliers (marché de l'acier, marché du travail, marché financier…) : on procède à une analyse en termes ***d'équilibre partiel***. En effet, on ne tient compte que d'une partie de l'économie, et l'on raisonne ***toutes choses étant égales par ailleurs***, c'est-à-dire en négligeant les effets du marché étudié sur les autres marchés et inversement.

La clause « toutes choses étant égales par ailleurs » *(ceteris paribus)* n'est justifiée qu'à des fins simplificatrices et pédagogiques. Mais en fait, les marchés sont interdépendants et les choses ne restent jamais ***égales par ailleurs***. L'approche ***à l'équilibre général*** tient compte précisément de toutes les interactions entre les différents marchés. Par exemple, si le prix d'un bien X diminue, la théorie prévoit une ***augmentation*** de la quantité demandée, ***toutes choses égales par ailleurs***. Mais si l'on raisonne à l'équilibre général, il faut tenir compte de ce que la baisse du prix réduit le revenu des vendeurs : ceux-ci vont être amenés à réduire leur demande des différents biens ; les prix des autres biens peuvent alors également baisser, réduisant ainsi le revenu de tous les autres vendeurs ; ces derniers diminuent à leur tour leur demande, notamment celle du bien X ; il n'est pas exclu ***qu'au bout du compte***, la quantité demandée du bien X ***diminue*** quand son prix diminue.

Ainsi, dans l'économie réelle, les conditions varient sur tous les marchés en même temps et l'équilibre d'un marché particulier dépend de ce qui se passe sur tous les autres. Trois questions fondamentales se posent alors :

- Un équilibre simultané de tous les marchés existe-t-il ?
- Y a-t-il un mécanisme concret qui permette de tendre ou de revenir effectivement vers cet équilibre ?

– L'équilibre général obtenu (ou vers lequel tend l'économie) assure-t-il une allocation des ressources optimales au sens de Pareto ?

Pour l'essentiel, la théorie de l'équilibre général a été développée, depuis 1874, par des économistes ***néoclassiques*** qui ont tenté de démontrer formellement l'une des hypothèses essentielles de leurs prédécesseurs ***classiques*** : les décisions indépendantes et non concertées de millions d'individus ayant des intérêts contradictoires n'engendrent ni désordre ni affrontement généralisés ; les mécanismes de la libre concurrence, tels une « main invisible », conduisent au contraire à un équilibre, et assurent la maximisation conjointe des satisfactions individuelles et du bien-être collectif. Reprenant une première démonstration de Léon Walras (1874), Arrow et Debreu identifient, dans les années 1950, toutes les conditions nécessaires à ***l'existence*** d'un équilibre général ; mais, en 1973-1974, le théorème de Sonnenschein-Mantel-Debreu montre que si toutes ces conditions sont réunies, rien ne garantit que les mécanismes de marché permettent ***d'atteindre et de maintenir*** un équilibre général.

I. L'existence d'un équilibre général

A– La loi des débouchés de J.-B. Say

En 1803, Jean-Baptiste Say (1767-1832) énonce la ***loi des débouchés*** et pense démontrer l'impossibilité d'un déséquilibre entre l'offre et la demande globale. On peut résumer ainsi cette loi :

La valeur des biens et services offerts se transforme en un revenu qui est intégralement dépensé pour l'achat de biens et services ; en conséquence, dans l'économie prise dans son ensemble, la demande globale est nécessairement égale à l'offre globale.

J.-B. Say observe que les individus n'offrent des biens et services qu'en vue d'acquérir le pouvoir d'achat nécessaire à l'acquisition d'autres biens et services (il s'agit ici de ***tous*** les biens et services, y compris, donc, les facteurs de production). En fait, « les produits s'échangent contre les produits ». Les échanges monétaires ne sont que des opérations intermédiaires facilitant les transactions, mais sans incidence réelle sur le fonctionnement de l'économie. « La monnaie n'est qu'un voile », énonce ainsi J.-B. Say ; elle n'est pas un bien désiré pour lui-même, mais un simple intermédiaire dans les échanges ; personne ne détient sous forme d'encaisses inutilisées une partie du revenu acquis par la vente de biens et services ; tout le revenu est donc bien employé pour demander des biens et services ; la demande globale est donc équivalente à l'offre globale.

Par conséquent, tous les biens offerts dans l'économie ont un débouché; une surproduction généralisée est inconcevable. Seuls peuvent exister des déséquilibres sectoriels entre l'offre et la demande sur un marché particulier, mais J.-B. Say fait confiance aux ajustements des prix pour rétablir rapidement l'équilibre sur les différents marchés. Nous reviendrons plus loin sur ce problème de stabilité de l'équilibre.

B– La loi de Walras

En 1874, Léon Walras (1834-1910) reprend pour partie l'analyse de J.-B. Say en soulignant l'identité comptable entre la somme des offres et la somme des demandes dans l'économie nationale. Ainsi, pris globalement, les agents économiques sont soumis à une contrainte budgétaire : ils ne peuvent acheter (demander) des biens et services que parce qu'ils vendent (offrent) des biens et services pour une valeur équivalente. Bien entendu, en s'endettant, un individu particulier peut avoir une demande supérieure à son offre (et donc une dépense supérieure à son revenu). Mais cela n'est possible que parce que d'autres agents ont une demande inférieure à leur offre et dégagent ainsi une épargne qu'ils peuvent prêter, et/ou parce que les banques offrent de la monnaie supplémentaire. Ainsi, quand on considère la totalité des agents et la totalité des biens et services (y compris la monnaie), l'offre globale est nécessairement égale à la demande globale.

Si l'on désigne par P_i, D_i, O_i, respectivement, le prix, la demande totale et l'offre totale d'un bien ou d'un service "i" quelconque et s'il existe n biens et services, on peut exprimer l'identité comptable expliquée ci-dessus :

$$\sum_{i=1}^{n} P_i D_i = \sum_{i=1}^{n} P_i O_i \text{ où } \sum_{i=1}^{n} \text{ signifie somme de tous les i, de } i=1 \textit{ à } i=n.$$

C'est cette identité que l'on dénomme ***loi de Walras***. Elle a un corollaire important :

La valeur totale des offres étant identiquement égale à la valeur totale des demandes, si l'équilibre entre l'offre et la demande est réalisé sur n – 1 marchés, il est nécessairement réalisé sur le nième marché.

© Hachette Livre – La photocopie non autorisée est un délit.

La loi de Walras n'énonce qu'une nécessité comptable : la valeur totale des achats dans l'économie est forcément égale à la valeur totale des ventes. Rien n'indique que cet équilibre comptable soit aussi un équilibre économique, c'est-à-dire que le niveau auquel se réalisent les échanges nécessairement équilibrés soit conforme aux plans des agents économiques. Nous reviendrons sur ce problème dans l'analyse macroéconomique ; la préoccupation majeure de Walras est ailleurs.

C– L'équilibre général walrassien

L'égalité entre l'offre globale et la demande globale ne suffit pas à garantir l'existence d'un équilibre général : il faut en outre s'assurer que chaque marché particulier est simultanément en équilibre. Autrement dit, existe-t-il un ensemble de prix qui égalise l'offre et la demande sur ***tous*** les marchés ?

Cette question se ramène à un problème classique : trouver la solution d'un système à équations multiples. On sait qu'il doit y avoir autant d'équations indépendantes que d'inconnues à déterminer pour qu'existe une solution ; Walras croit donc démontrer l'existence d'un équilibre général en montrant que, dans le système économique, il existe autant d'équations indépendantes que d'inconnues.

→ La démonstration de Walras (en version abrégée)

Walras distingue les services producteurs (les facteurs de production), en nombre n, et les biens de consommations, en nombre m. Nous négligerons les coefficients de fabrication (quantités de facteurs nécessaires pour produire les biens et services), car cela ne change rien à la démonstration.

Les agents n'offrent les services producteurs que pour demander les biens de consommation. L'équilibre global se ramène donc à une égalité entre la somme des offres des n services producteurs et la somme des demandes des m biens de consommation. On dispose donc de n équations d'offre et de m équations de demande, auxquelles viennent s'ajouter n équations donnant les conditions d'équilibre sur les n marchés de facteurs et m équations indiquant les conditions d'équilibre sur les m marchés de biens de consommation. Soit, au total, 2 n + 2 m équations.

Cependant, d'après la loi de Walras et son corollaire, l'une des conditions d'équilibre n'est pas une équation indépendante : en effet, l'équilibre est nécessairement réalisé sur un marché s'il est déjà réalisé sur tous les autres. On a donc, en fait, 2n + 2m – 1 équations indépendantes. C'est exactement le nombre d'inconnues à déterminer. En effet, on recherche les n quantités et les n prix des services producteurs, d'une part, et les m quantités et les m prix des biens de consommation, d'autre part, soit 2n + 2m inconnues. Mais l'un des m prix n'est pas une inconnue : il s'agit du prix de la monnaie (le ***numéraire*** pour Walras), qui est par définition égal à 1 puisqu'il constitue l'unité de compte dans laquelle sont exprimés tous les prix (le prix d'une unité de monnaie est évidemment égal à 1). Au total, on a donc bien 2n + 2m – 1 inconnues, autant que d'équations indépendantes. (Pour une présentation moins sommaire, on ne peut que renvoyer aux deux ouvrages de Bernard Guerrien cités en bibliographie.)

D– Théorème de Arrow-Debreu

Walras a eu le mérite d'être le premier à poser aussi clairement le problème de l'équilibre général. Mais il ne l'a pas résolu. En effet, il ne suffit pas qu'il y ait autant d'équations que d'inconnues pour que le système ait une solution. Par exemple, imaginons un marché particulier où la courbe d'offre et la courbe de demande ne se croisent jamais : on a bien deux équations (l'offre et la demande) et deux inconnues (le prix et la quantité échangée), et pourtant le système n'a pas de solution (en mathématiques, on dit que les deux équations sont ***incompatibles*** et que le système est ***surdéterminé***).

Kenneth Arrow et Gérard Debreu reprennent donc les travaux de Walras dans les années 1950, et vont démontrer l'ensemble des conditions nécessaires à l'existence d'un équilibre général walrassien.

1. La méthode de Arrow-Debreu

Arrow et Debreu appliquent un théorème mathématique selon lequel un système d'équations multiples converge vers un point d'équilibre si les fonctions sont continues et bornées. Concrètement, cela implique deux choses :

- la valeur des offres et des demandes varie régulièrement de façon continue ;
- cette valeur est comprise entre une limite inférieure et une limite supérieure, elle ne peut tendre vers l'infini.

Ils cherchent donc quelles conditions doivent être remplies pour éviter toute discontinuité dans les courbes d'offre et de demande et pour s'assurer qu'elles sont bornées. Dans l'espace disponible ici, nous ne pouvons qu'énoncer ces conditions. On en trouvera une explication simple et claire dans *La théorie néoclassique* (La Découverte, « Repères », 1999), par Bernard Guerrien. Pour approfondir, on peut consulter l'ouvrage beaucoup plus formalisé du même auteur : *La théorie néoclassique. Bilan et perspective du modèle d'équilibre général* (Economica, 1989).

© Hachette Livre – La photocopie non autorisée est un délit.

2. Les conditions de Arrow-Debreu

1) ***Rationalité*** : les individus maximisent leur satisfaction, et les entreprises, le profit.
2) ***Concurrence pure et parfaite.***
3) ***Marchés complets*** : il existe un marché pour chaque bien ou service présent, mais aussi pour chaque bien ou service futur.
4) ***Dotation de survie*** : les individus disposent d'une dotation de biens initiale.
5) ***Convexité des courbes d'indifférence*** : les biens ne sont pas des substituts parfaits.
6) ***Rendements d'échelle décroissants.***
7) ***Absence de coûts fixes.***

3. L'intérêt du théorème de Arrow-Debreu

La démonstration de Arrow-Debreu pose plus de problèmes qu'elle n'en résout, en raison du caractère particulièrement restrictif des conditions d'existence d'un équilibre général. Ainsi, en ce qui concerne les hypothèses sur les marchés, il est clair que dans le monde réel, la concurrence est imparfaite et les marchés futurs très rares (en dehors des marchés à terme sur les Bourses et les marchés des changes). En ce qui concerne les fonctions de demande, la dotation de survie soulève inévitablement des questions : d'où vient cette « manne céleste », comment est-elle distribuée ? Enfin, du côté de l'offre, l'hypothèse d'absence de coûts fixes est manifestement inacceptable pour la plupart des activités.

L'intérêt majeur des conclusions de Arrow-Debreu est donc de montrer que les conditions nécessaires à l'existence d'un équilibre général sont extravagantes et, qu'en conséquence, un tel équilibre n'a aucune chance d'exister dans la réalité. Ce constat alimente ensuite deux types de démarche :

- La ***démarche positive*** consiste à abandonner le modèle de l'équilibre général et à tenter de construire un modèle plus réaliste.
- La ***démarche normative***, qui a toujours un peu tendance à donner tort au réel, estime qu'il faut rétablir dans l'économie réelle les conditions de réalisation d'un équilibre général ; dans sa variante plus modérée, elle considère l'équilibre général walrassien comme un fonctionnement idéal des marchés vers lequel ***tend*** l'économie à long terme si l'on permet aux mécanismes des prix de jouer librement. Cette seconde démarche a davantage retenu l'attention des économistes d'inspiration néoclassique. Elle conduit naturellement à la recherche des conditions de réalisation et de stabilité d'un équilibre général.

II. La stabilité de l'équilibre général

Il ne suffit pas, en effet, de savoir s'il existe un ensemble de prix susceptible d'assurer l'équilibre simultané de tous les marchés ; il importe aussi de savoir s'il existe un mécanisme qui permet de ***tendre*** vers cet équilibre et qui y ramène l'économie quand elle s'en est éloignée.

A– Le tâtonnement walrassien

Walras a décrit un mécanisme de tâtonnement des marchés vers le point d'équilibre, analogue à celui qui existe réellement sur les marchés boursiers. Il existe un ***commissaire-priseur***, ou un agent de change, qui crie un prix et enregistre les offres et les demande à ce prix; si l'offre est supérieure à la demande, il crie un prix plus bas de façon à stimuler la demande et réduire l'offre ; inversement, si la demande est supérieure à l'offre, il crie un prix plus élevé pour stimuler l'offre et réduire la demande; il procède ainsi tant que l'offre et la demande divergent. Une caractéristique essentielle de ce processus conditionne la réalisation d'un équilibre: aucune transaction n'a lieu ***pendant*** le tâtonnement, à des prix intermédiaires qui ne sont pas des prix d'équilibre; les échanges ne sont réalisés ***qu'après*** le tâtonnement, une fois que le prix d'équilibre a été fixé. Si, pour une raison quelconque, un ou plusieurs marchés viennent à être déséquilibrés, l'ajustement des prix garantit ainsi le retour vers l'équilibre. La ***parfaite flexibilité des prix*** est donc la condition de réalisation et de stabilité de l'équilibre général.

Cette démarche a suscité deux types de travaux critiques : l'un, d'inspiration keynésienne, conteste l'existence d'un mécanisme de tâtonnement walrassien, l'autre, dans le prolongement direct du théorème de Arrow-Debreu, conteste les effets attendus du tâtonnement.

B– Critique keynésienne du tâtonnement

Keynes a très largement développé sa critique de l'économie politique néoclassique en contestant la parfaite flexibilité des prix et ses effets présumés (*cf.* tome 2 de cet ouvrage). C'est plus particulièrement à une lecture pénétrante de la théorie de Keynes par R. W. Clower, en 1965, que l'on doit une critique élaborée du mécanisme de tâtonnement walrassien.

© Hachette Livre – La photocopie non autorisée est un délit.

Ce mécanisme n'est en effet envisageable que lorsqu'il est possible de ***rassembler en un même lieu*** tous les offreurs et tous les demandeurs d'un même bien ; or, en dehors des marchés financiers et des bourses de matières premières, la concentration des offres et des demandes en un lieu unique est impossible : dans la plupart des cas, le commissaire-priseur de Walras n'existe pas ; quand les conditions changent sur un marché, on ne peut pas arrêter les échanges pour rassembler tous les acheteurs et tous les vendeurs et négocier un nouveau prix d'équilibre ; les transactions continuent à des prix de déséquilibre. Faute de savoir instantanément quel est le nouveau prix d'équilibre, la plupart des marchés confrontés à des variations de l'offre ou de la demande réagissent à court terme en ajustant les quantités aux prix existants.

Dans ce contexte, le mode de fonctionnement des marchés est complètement différent de celui supposé par Walras. Les offres et les demandes de la théorie microéconomique traditionnelle ne sont en effet que « **notionnelles** » (R. W. Clower) ; elles indiquent ce que les agents seraient disposés à offrir ou à demander, en théorie, si les prix prenaient différentes valeurs. Mais seules importent dans l'économie réelle les offres et des demandes ***effectives*** (effectivement réalisées sur les marchés). Or, même s'il existe en théorie un système de prix qui assure l'équilibre entre les offres et les demandes notionnelles, rien ne garantit que ce même système de prix assure l'équilibre général des offres et des demandes effectives. Pourquoi ? Parce qu'il n'existe pas de mécanisme permettant de converger vers ce système de prix.

Si, par exemple, l'offre s'avère supérieure à la demande sur le marché des biens de consommation, les prix ne pouvant rapidement converger vers un nouvel équilibre, les entreprises ajustent les quantités aux prix initiaux : elles réduisent la production et utilisent moins de travail et de capital. Ce premier déséquilibre se reporte alors sur les autres marchés. La demande de biens d'équipement diminue et les entreprises doivent aussi réduire la production et l'emploi sur ce marché. L'emploi et donc les revenus tirés du travail diminuent ; cela contraint les ménages à réduire leur demande de biens de consommation, ce qui accentue le déséquilibre initial, et ainsi de suite. La ***théorie du déséquilibre***, développée à la suite des travaux de R.W. Clower, étudie ces processus d'ajustement dans une économie où les prix ne peuvent s'ajuster à court terme pour rétablir l'équilibre entre l'offre et la demande. Nous y reviendrons dans le tome 3.

C– Théorème de Sonnenschein-Mantel-Debreu

Une autre critique du tâtonnement s'est développée dans le prolongement direct du théorème de Arrow-Debreu. Les théoriciens de l'équilibre général se sont demandé si les conditions nécessaires à l'existence d'un équilibre général garantissent l'efficacité du tâtonnement walrassien.

Admettons que les prix soient parfaitement flexibles : le tâtonnement est efficace si, à chaque fois qu'apparaît une ***demande nette*** (une différence entre la demande et l'offre), le mouvement des prix relatifs annule cette demande nette. Plus précisément, si la demande nette d'un bien X est positive (excès de demande), la hausse du prix relatif de X réduit la demande nette jusqu'à l'annuler ; si la demande nette de X est négative (excès d'offre), la baisse du prix augmente la demande nette jusqu'à l'annuler. Il faut donc que la demande nette de chaque bien soit une fonction décroissante (inverse) du prix. Cela est vérifié si l'on fait l'hypothèse de ***substituabilité brute*** selon laquelle, entre deux biens quelconques, l'effet de substitution l'emporte toujours sur l'effet de revenu. Si le prix de X augmente par rapport au prix de Y, la demande de X doit diminuer et celle de Y augmenter. Mais la hausse de Px abaisse le revenu réel, et réduit donc la demande des deux biens. Si cet effet revenu sur la consommation de Y est plus fort que l'effet de substitution, la demande de Y diminue alors que son prix relatif a baissé ; or la convergence vers l'équilibre n'est plus assurée si certains biens ont une demande nette qui varie dans le même sens que leur prix relatif (et non en sens inverse). La question est donc de savoir si l'hypothèse de substituabilité brute est vérifiée dans le cadre du modèle de Arrow-Debreu qui définit les conditions d'existence d'un équilibre général.

Trois auteurs ont, de façon indépendante, fait la démonstration que tel n'est précisément pas le cas : Sonnenschein (en 1973), Mantel (en 1974) et Debreu (en 1974). On peut énoncer ainsi le théorème de Sonnenschein-Mantel-Debreu :

Si toutes les hypothèses de Arrow-Debreu nécessaires à l'existence d'un équilibre général sont respectées, alors la forme des fonctions de demande nette des différents biens est indéterminée.

© Hachette Livre – La photocopie non autorisée est un délit.

Autrement dit, les demandes nettes peuvent être aussi bien croissantes que décroissantes ; même si les prix sont parfaitement flexibles, rien ne garantit que les mouvements de prix assurent la convergence simultanée de tous les marchés vers une situation d'équilibre. Bien entendu, ce résultat essentiel contribue à réorienter les travaux sur l'équilibre général. Les économistes cherchent désormais un peu moins à définir les conditions d'existence et de stabilité d'un équilibre général, et davantage à comprendre les mécanismes d'ajustement effectivement à l'œuvre dans l'économie.

III. L'allocation efficace des ressources : la théorie de l'optimum économique

Rappelons tout d'abord le critère d'optimum défini par Vilfredo Pareto.

Une situation est optimale au sens de Pareto si l'on ne peut plus améliorer la satisfaction d'un individu sans détériorer celle d'au moins un autre.

Pour que l'allocation des ressources soit optimale au sens de Pareto, trois conditions doivent être remplies.

1. Répartition optimale des biens entre les consommateurs

Première condition de l'optimum :

Le taux marginal de substitution entre deux biens quelconques doit être identique pour tous les consommateurs.

Imaginons qu'un individu A ait un taux marginal de substitution entre deux biens X et Y (TMS_A) égal à 2, et qu'un individu B ait un TMS_B égal à 4. Le TMS indique la quantité de Y que l'individu est disposé à sacrifier pour obtenir une unité supplémentaire de X. Ainsi, A est disposé à échanger 2 Y contre 1 X, tandis que B accepte d'échanger 4 Y contre 1 X. B accorde ainsi relativement plus de valeur à X que ne le fait A. La situation n'est pas optimale ; il existe une opportunité d'échange susceptible d'améliorer la situation de l'un sans détériorer celle de l'autre. Ainsi, A peut échanger avec B, 1 X contre 4 Y : la satisfaction de B est inchangée, mais celle de A augmente parce qu'il a sacrifié une consommation de X qu'il évaluait à 2 Y et qu'il a obtenu 4 Y en échange. Tant que tous les consommateurs n'ont pas le même TMS, il subsiste ainsi des opportunités d'échange inexploitées.

2. Répartition optimale des facteurs entre les producteurs

Deuxième condition de l'optimum :

Le taux marginal de substitution technique (TMST) entre les deux facteurs de production doit être identique dans toutes les entreprises.

Soient deux entreprises A et B. $TMST_A = 2$ et $TMST_B = 4$. TMST indique la quantité de capital (K) que le producteur est disposé à sacrifier pour obtenir une unité de travail (L) supplémentaire. L'entreprise A est donc disposée à échanger 2 K contre 1 L ; B, de son côté, accepte d'échanger 4 K contre 1 L. Par un raisonnement identique à celui que nous avons tenu pour les deux consommateurs, on voit aisément que cette situation n'est pas optimale. Si A échange avec B 1 K contre 4 L, la production reste inchangée en B, mais elle augmente en A, car 2 L suffiraient à A pour maintenir sa production constante (pour rester sur un même isoquant). Tant que les TMST ne sont pas identiques, on peut augmenter la production globale des entreprises.

3. Répartition optimale de la production globale entre les biens

Troisième condition de l'optimum :

Le taux marginal de transformation (TMT) entre deux biens quelconques doit être égal au taux marginal de substitution entre ces deux biens.

© Hachette Livre – La photocopie non autorisée est un délit.

Figure 40

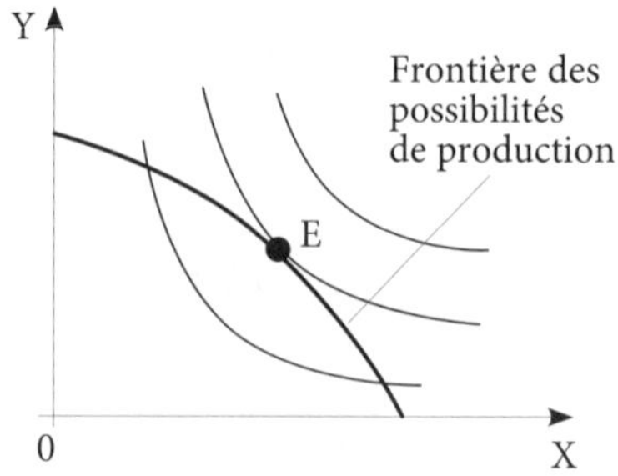

Le TMT entre deux biens X et Y indique la quantité du bien Y que la collectivité doit sacrifier pour produire une unité supplémentaire du bien X. C'est la pente en un point de la ***frontière des possibilités de production*** représentée sur la figure 40, ci-contre. Cette frontière décrit la production maximum que la collectivité peut produire d'un bien pour une quantité donnée de l'autre bien.

Tout point en deçà de cette frontière est jugé sous-optimal, car on peut alors augmenter la production d'un bien sans réduire celle de l'autre. Comment choisir la combinaison optimale le long de la frontière ? Pour qu'un individu quelconque estime cette combinaison optimale, elle doit lui permettre d'atteindre la courbe d'indifférence la plus élevée. La répartition de la production est donc optimale pour cet individu au point de tangence entre la frontière des possibilités de production et une courbe d'indifférence (point E sur la figure 40, où nous avons représenté les courbes d'indifférence d'un individu quelconque). La pente des deux courbes en ce point est identique, et donc TMT = TMS. Dans la mesure où, à l'optimum, le TMS est identique pour tous les consommateurs (*cf.* première condition ci-dessus), l'égalité avec le TMT est vérifiée pour tous les consommateurs.

4. Concurrence parfaite et optimum

On peut démontrer que les trois conditions énoncées ci-dessus sont vérifiées en situation de concurrence parfaite.

▶ **Première condition.** Un consommateur rationnel égalise le taux marginal de substitution entre deux biens au prix relatif de ces deux biens (*cf.* chapitre 1) ; or, sur un marché de concurrence pure et parfaite, les prix des biens sont identiques pour tous les consommateurs (*cf.* chapitre 5) ; en conséquence, en concurrence parfaite, le TMS est, à l'équilibre, le même pour tous les consommateurs.

▶ **Deuxième condition.** Un producteur rationnel égalise le TMST entre deux facteurs au prix relatif de ces deux facteurs (*cf.* chapitre 4) ; or, si le marché des facteurs est parfaitement concurrentiel, le prix des facteurs est identique pour tous les producteurs ; en conséquence, en concurrence parfaite, le TMST est, à l'équilibre, le même pour tous les producteurs.

▶ **Troisième condition.** Le TMT indique la quantité de Y que la société sacrifie en échange d'une unité de X, le long de la frontière des possibilités de production. On obtient cette quantité en faisant le rapport entre le coût de production, pour la collectivité, d'une unité supplémentaire de X (CmX) et le coût de production d'une unité supplémentaire de Y (CmY). Par exemple, si le coût d'une unité de X est trois fois celui d'une unité de Y, la société sacrifie 3 unités de Y pour obtenir une unité de X. Autrement dit, le TMT est égal au rapport du coût marginal de X et du coût marginal de Y. Par ailleurs, on sait qu'à l'équilibre, le TMS est égal au rapport des prix (Px / Py, *cf.* chapitre 1). En conséquence, la troisième condition de l'optimum peut être réécrite :

$$(CmX/CmY) = (Px/Py).$$

Le rapport des coûts marginaux doit être égal au rapport des prix. C'est précisément le cas sur un marché de concurrence parfaite, où le prix de chaque bien est égal à son coût marginal.

Ainsi se trouve établi le premier théorème de l'économie du bien-être : la concurrence parfaite remplit les trois conditions d'une allocation des ressources optimale au sens de Pareto. On semble disposer ainsi d'une démonstration formelle de la loi de ***la main invisible*** énoncée par Adam Smith en 1776 : les individus, quoique guidés par le seul motif de l'intérêt individuel, concourent, par les échanges sur les marchés, à la réalisation de l'intérêt général.

Pourtant, le marché parfaitement concurrentiel n'est pas adapté à tous les problèmes d'allocation des ressources auxquels l'économie réelle se trouve confrontée. Le marché est parfois défaillant, ainsi que nous allons le voir dans le chapitre suivant.

© Hachette Livre – La photocopie non autorisée est un délit.

8 chapitre

Les défauts du marché et l'intervention de l'État

L'économie du bien-être se préoccupe de savoir dans quelles conditions on peut assurer le maximum de satisfaction aux individus qui composent la société. Dans un premier temps, la théorie néoclassique démontre que des marchés parfaitement concurrentiels débouchent sur une allocation des ressources optimale au sens de Pareto. Mais cela n'est vrai qu'en l'absence de ***rendements croissants***, de ***biens publics*** (services collectifs) et d'interdépendances entre les satisfactions des individus (***effets externes***). Dans ces trois derniers cas, la libre concurrence ne débouche plus sur un optimum de Pareto, et des interventions de l'État sont nécessaires pour corriger ces défaillances des marchés.

Dès l'instant où des décisions publiques (gouvernementales) sont nécessaires au fonctionnement efficace de l'économie, une théorie économique des choix individuels semble insuffisante. On tente de développer une théorie économique des choix collectifs (ou des choix publics). Mais l'analyse économique a bien du mal à servir de guide à ces décisions publiques. En effet, le critère de Pareto, sur lequel l'économie néoclassique fonde ses propositions normatives, n'est qu'un critère d'***efficacité***. Il permet d'éliminer les solutions inefficaces, mais ne dit rien sur le ***choix*** entre plusieurs solutions efficaces se distinguant par une répartition différente du bien-être entre les individus. Or l'analyse économique est incapable de définir la « bonne » répartition, faute d'un critère objectif de justice. L'optimum social étant donc indéfinissable *a priori*, on est tenté de rechercher des procédures démocratiques de décision qui agrégeraient les préférences des individus pour en déduire des choix collectifs. Mais la théorie des choix publics démontre qu'aucune procédure démocratique ne peut garantir des choix efficaces, stables et cohérents. La théorie économique pure n'a ainsi guère de recommandation simple et systématique à donner pour guider les choix publics.

I. Les défaillances du marché

Au chapitre 5, nous avons déjà évoqué deux défaillances du marché (***rendements croissants*** et ***imperfections de la concurrence***) qui éloignent de la tarification au coût marginal et donc de l'optimum de Pareto. Mais, même si toutes les entreprises se comportent comme des firmes parfaitement concurrentielles, le marché reste inefficient face à deux problèmes majeurs : les ***effets externes*** et les ***biens collectifs***.

A– Rendements croissants et concurrence imparfaite

Dans les activités où les rendements restent croissants pour une échelle de production conforme à la taille du marché à satisfaire, un monopole naturel tend à s'installer. Le monopole pratique un prix supérieur au coût marginal et l'on s'éloigne de l'optimum de Pareto. Cela conduit souvent l'État à nationaliser le monopole en vue d'éviter ses effets pervers dans l'allocation des ressources. L'État, qui ne cherche pas à maximiser le profit, peut pratiquer une tarification au coût marginal; mais l'entreprise publique réalise alors une perte qu'il est nécessaire de financer. L'intervention de l'État n'est donc pas neutre pour le reste de l'économie: soit il emprunte les fonds nécessaires sur les marchés financiers (détournant ainsi des ressources qui seraient autrement disponibles pour financer le secteur privé) ; soit il prélève des impôts supplémentaires; soit il crée de la monnaie (contribuant à l'inflation, c'est-à-dire à un prélèvement indirect sur le pouvoir d'achat des ménages [*cf.* tome 3]). Pour réduire l'inefficience associée au monopole privé, l'État impose d'autres coûts à la collectivité ; le résultat net quant à l'efficacité de l'allocation des ressources est donc ambigu.

Par ailleurs, sur les marchés où les conditions techniques de production ne conduisent pas inévitablement au monopole, la concurrence pousse les entreprises à s'abriter autant que faire se peut des effets de la concurrence ! Les producteurs tentent d'obtenir des rendements croissants, au moins sur certaines périodes, en disposant momentanément du monopole d'un produit nouveau ou en réalisant des rendements de substitution (*cf.* chapitre 4). Par ailleurs, l'importance des coûts fixes, et les stratégies dissuasives des firmes en place, peuvent limiter la contestabilité de certains marchés. Bref, le processus concurrentiel engendre lui-même des limites à la concurrence (*cf.* chapitre 5). Aussi, même en l'absence de réglementations ou d'institutions limitant la concurrence, l'économie réelle ne fonctionne pas toujours dans des conditions garantissant la tarification au coût marginal.

B– Les effets externes

Nous avons supposé jusqu'ici que les décisions des agents économiques individuels n'avaient pas d'effets sur la satisfaction des autres agents. L'interdépendance entre les agents ne se manifeste que dans les échanges sur les marchés. Mais quand le prix de marché a été fixé, les décisions de consommation ou de production des individus n'affectent pas la satisfaction (ou l'utilité) des autres. Dans la réalité cependant, il existe des interdépendances directes entre l'utilité des individus : l'économiste appelle ces interdépendances directes des ***effets externes***.

1. Effets externes négatifs et effets externes positifs

Il existe un effet externe quand la décision d'un individu modifie directement le niveau de satisfaction d'au moins un autre individu, en dehors du processus d'échange sur le marché.

- Les effets externes peuvent être ***négatifs*** : l'usine qui déverse ses déchets dans la rivière, les rejets massifs de fumées toxiques dans l'atmosphère, le voisin qui étudie le saxophone à trois heures du matin, l'individu qui boit avant de prendre le volant sans permis de conduire et sans assurance, etc. Dans tous ces cas, l'action d'un agent diminue directement le bien-être des autres membres de la collectivité.
- Les effets externes peuvent être ***positifs*** : amélioration de l'hygiène, de l'état de santé ou du niveau d'éducation individuel. Il est en effet plus agréable pour l'entourage d'être en compagnie d'un individu propre, cultivé, qui se protège efficacement contre les maladies contagieuses... L'élévation du niveau d'éducation d'un individu améliore sa productivité, et donc sa contribution au bien-être collectif. De même, un individu en bonne santé est moins souvent absent et, sans doute, plus performant au travail. Tous ces exemples indiquent que les choix individuels peuvent aussi contribuer à améliorer la satisfaction du reste de la collectivité.

2. Optimum et internalisation des effets externes

Le problème économique vient de ce que, en présence d'effets externes, le mécanisme du marché concurrentiel ne permet pas d'atteindre l'optimum parétien. En effet, dans leurs décisions, les individus ne tiennent compte que des avantages et des coûts privés, et non des avantages et des coûts sociaux (ou collectifs) qui y sont associés. Si M. Dupont tenait compte de ce que le bien-être collectif augmente quand il se brosse les dents, il le ferait plus souvent. Si les étudiants étaient

© Hachette Livre – La photocopie non autorisée est un délit.

sensibles à la satisfaction du professeur devant un amphithéâtre plein, ils viendraient plus nombreux à son cours. Si l'entreprise polluante tenait compte des effets nocifs de sa production sur la collectivité, elle produirait moins ou mettrait en place davantage de moyens pour réduire la pollution.

Ainsi, les choix individuels conduisent à une surproduction des biens ayant des effets externes négatifs, et à une sous-production des biens ayant des effets externes positifs, par rapport à la production optimale pour la collectivité.

Les effets externes peuvent donc justifier une intervention de l'État pour corriger cette défaillance du marché. Par la réglementation et la fiscalité, l'État cherche ainsi à ***internaliser*** les effets externes, c'est-à-dire à réintégrer les coûts et les avantages sociaux dans le calcul économique individuel. Par exemple, puisque les individus consommeraient spontanément moins d'éducation et de santé qu'il n'est optimal pour la société, on rend la scolarisation et les vaccinations obligatoires, on développe des systèmes d'éducation et de santé publics, gratuits ou partiellement payants, on subventionne certains établissements privés, etc. De même, on peut imposer des taxes sur les activités polluantes, mettre en prison les chauffards alcooliques, interdire le bruit dans des locaux privés après dix heures du soir, etc. Ces interventions visent à corriger les ***signaux incomplets*** que constituent les coûts et les avantages privés ; si elles conduisent les individus à réintégrer dans leurs choix l'impact positif ou négatif de leur comportement sur la collectivité, elles rapprochent cette dernière de l'optimum.

C– Les biens collectifs

La théorie microéconomique du consommateur et de la demande, développée aux chapitres 1 et 2, ne s'applique qu'à des biens privés, c'est-à-dire dont la consommation par un individu est exclusive de la consommation par un autre. Une tomate est un bien privé : si elle est consommée par un individu, elle n'est pas consommée par un autre. Mais il existe des biens collectifs : le film projeté dans une salle de cinéma, le réseau routier, l'éclairage public, la défense nationale, les transports en commun, la justice, la police, le cours d'économie en amphithéâtre, etc.

Un bien collectif est un bien qui peut être utilisé simultanément par plusieurs individus sans que la consommation de l'un ne réduise la consommation des autres.

On comprend que le bien n'est vraiment collectif que tant qu'il n'y a pas encombrement : quand le cours a un succès tel qu'il n'y a plus de place pour tous les étudiants, la consommation des uns recommence à se faire au détriment de celle des autres.

Le marché concurrentiel est manifestement inefficient pour la production d'une ***catégorie particulière de biens collectifs*** : les « **biens collectifs purs** » ou les « **services collectifs purs** ».

Un bien (ou service) collectif pur est un bien collectif pour lequel aucun agent privé ne peut exclure les utilisateurs qui ne sont pas disposés à payer.

Ainsi, le cinéma n'est pas un bien collectif pur. Il est facile d'exclure les spectateurs qui ne veulent pas payer ; en conséquence, n'importe quelle entreprise privée peut tenir une salle de cinéma ; elle n'aura aucune difficulté à financer la production de ce service (si le film est bon !).

En revanche, le phare qui éclaire un récif en plein océan est un service collectif pur : comment un producteur privé pourrait-il exclure les navires qui ne paient pas le service rendu par le phare ? De même, on comprend aisément que la plupart des grands services publics (défense, police, justice, infrastructures routières, etc.) sont des services collectifs purs. Pour ce type de productions, en effet, chaque individu sait qu'une fois produit, le service servira collectivement à tout le monde, autant à ceux qui paient qu'à ceux qui ne paient pas. En conséquence, un producteur privé n'ayant pas le pouvoir de contraindre d'autres agents par la force, tout le monde a intérêt à ne pas révéler ses préférences et à attendre que les autres paient la production du service. Ainsi, par exemple, bien que la plupart des individus préfèrent habiter un pays qui dispose d'une défense nationale qu'un pays sans défense, chacun a intérêt à se déclarer antimilitariste et à refuser de payer quand il est démarché par le représentant d'une entreprise privée produisant la défense nationale ; si les autres paient le service, l'individu en bénéficiera bien qu'il n'ait pas payé.

Ainsi, la société et chaque individu se trouvent manifestement mieux si les services collectifs purs sont produits, mais personne n'a intérêt à révéler sa disposition à payer ces services ; en conséquence, des entreprises privées ne seront pas en mesure d'assurer leur production. Seule une institution qui dispose du pouvoir de contrainte par la force, l'État, peut produire ce type de services. En effet, l'État, lui, peut contraindre tous les individus à payer les services collectifs en levant des impôts.

© Hachette Livre – La photocopie non autorisée est un délit.

D – L'optimum de second rang

Certaines lacunes inévitables des mécanismes de marché rendent donc nécessaire l'existence et l'intervention de l'État. Mais cette intervention introduit à son tour des coûts et des distorsions par rapport au fonctionnement pur d'une économie de marché.

1. Les distorsions inévitables

Ainsi, pour financer les services collectifs purs, il faut bien prélever des impôts, qui ont des effets sur l'allocation des ressources. Par exemple, si un produit X est l'objet d'une taxe, le fait que son prix soit égal au coût marginal ne conduit plus à une situation optimale. Admettons que la charge effective de l'impôt pèse sur le consommateur ; celui-ci, à l'équilibre, égalise l'utilité marginale de X et le prix ***taxe comprise*** de X. Le producteur, lui, égalise le coût marginal et le prix ***hors taxe***. La quantité échangée à l'équilibre est donc telle que l'utilité marginale est supérieure au coût marginal ; il existe une opportunité d'échange inexploitée : une unité supplémentaire de production améliorerait la satisfaction du consommateur plus qu'elle n'augmenterait le coût du producteur. La taxe éloigne donc de l'optimum de Pareto. Il en est de même si l'on opère un prélèvement sur les revenus du travail. Le salarié égalise l'utilité marginale du loisir et le salaire net d'impôt. L'employeur égalise la productivité marginale en valeur et le salaire avant impôt sur le revenu. En conséquence, à l'équilibre, l'utilité marginale du loisir est inférieure à la productivité marginale en valeur. En faisant travailler l'individu une heure de plus, l'entreprise gagnerait plus que ne perdrait le travailleur ; il existe, là encore, une opportunité d'échange inexploitée.

Aux distorsions introduites par l'intervention de l'État dans l'allocation des ressources vient s'ajouter le fait que, en l'absence même d'une telle intervention, certains secteurs et certaines entreprises sont amenés à pratiquer des prix différents du coût marginal.

2. Le théorème du « *second best* »

L'existence de distorsions inévitables empêche d'atteindre un optimum de premier rang (c'est-à-dire une situation où l'optimum de Pareto est atteint dans toutes les activités). On doit donc rechercher les conditions d'un optimum de second rang, qui limite au mieux les effets pervers de ces distorsions. En 1956, Richard Lipsey et Kelvin Lancaster ont énoncé à ce propos le théorème fondamental du ***second best*** (optimum de second rang) :

Si les conditions de l'optimum de Pareto ne peuvent pas être respectées dans certaines activités, l'optimum de premier rang n'est généralement pas atteint si l'on respecte ces conditions dans les autres activités.

Autrement dit, à partir du moment où il existe des distorsions inévitables dans certains secteurs, on doit généralement introduire de nouvelles distorsions correctrices dans les autres secteurs.

La démonstration formelle de ce théorème dépasse largement le cadre de ce chapitre, mais on peut comprendre le principe du raisonnement à partir d'un exemple simplifié. Imaginons deux biens X et Y dont l'un, X, supporte une taxe à la charge des consommateurs. On a vu ci-dessus que, dans ce cas, l'utilité marginale de X pour les consommateurs (UmX) est supérieure au coût marginal de X (CmX) pour les entreprises. Quand les entreprises décident de déplacer ou non des facteurs de production de Y vers X pour produire une unité supplémentaire de X, elles mesurent le sacrifice en bien Y (le coût d'opportunité, ou taux marginal de transformation) à partir du rapport CmX/CmY (*cf.* explication du TMT, ci-dessus, en 2. A). Mais, ce faisant, elles sous-estiment le coût d'opportunité de X en Y qui est égal au taux marginal de substitution (TMS).

En effet : TMS = UmX/UmY,

or : UmY = CmY (absence de distorsion)

et : UmX > CmX (distorsion liée à la taxe)

donc : (UmX/UmY) > (CmX/CmY).

Pour que les entreprises décident de la répartition entre les deux biens en tenant compte du vrai coût d'opportunité pour la collectivité, il faudrait introduire une taxe correctrice sur le bien Y.

II. L'impossible définition d'un optimum social

A– Le problème de la répartition du bien-être

Nous venons d'étudier les conditions d'une allocation efficace des ressources et la nécessité d'une intervention publique pour restaurer l'efficacité en cas de défaillance des marchés. Mais la recherche du maximum d'efficacité (au sens de Pareto) ne suffit pas à déterminer les choix publics optimaux. En effet, le critère

© Hachette Livre – La photocopie non autorisée est un délit.

de Pareto ne permet pas d'isoler ***une solution*** optimale mais ***un ensemble de solutions*** efficaces entre lesquelles il faut encore choisir.

La figure 1 (chapitre introductif) permet d'illustrer cette incapacité du critère de Pareto à fonder un choix unique. Imaginons un problème de décision publique quelconque qui affecte la satisfaction de deux individus (ou groupes d'individus), X et Y. La courbe de la figure 1 indique la frontière des possibilités de satisfaction : le maximum de satisfaction qu'il est possible de produire pour un individu, la satisfaction de l'autre étant donnée.

N'importe quel point sur cette courbe est un optimum au sens de Pareto : il n'est plus possible d'améliorer le bien-être de l'un sans détériorer celui de l'autre. Le critère de Pareto ne désigne donc pas ***une situation optimale,*** mais ***un ensemble de situations optimales.*** Tout au plus permet-il d'éliminer des choix manifestement inefficaces (point C par exemple) : cas où il est encore possible d'améliorer le bien-être de tout le monde, ou encore le bien-être de tel ou tel individu, sans détériorer celui des autres. Mais, une fois éliminés les choix inefficaces, il reste à se prononcer sur la juste répartition du bien-être entre X et Y. La répartition au point A est-elle préférable à celle observée au point B ? Une théorie économique guidée par la recherche de l'allocation efficace des ressources ne peut répondre à cette question. Il lui manque un véritable critère d'optimum social ou de justice sociale.

La théorie économique paraît ainsi incapable de guider les choix publics au-delà d'un tri technique préalable entre un ensemble de choix efficaces et un ensemble de choix inefficaces. Les économistes ont naturellement tenté de pallier cette incapacité par de nouveaux développements. Mais, comme nous allons le voir, cette tentative débouche sur une impasse.

B – La fonction de bien-être social

1. La fonction de Bergson-Samuelson

Abram Bergson (en 1938) et Paul Anthony Samuelson (en 1947) montrent que l'indétermination des choix publics optimaux ne peut être levée qu'en ajoutant au modèle microéconomique une fonction d'utilité collective, ou fonction de bien-être social (abrégée en "FBS" ci-dessous). Cette fonction, que l'on désigne habituellement par la lettre W (de *welfare* = bien-être), représente les préférences de la collectivité à l'égard de la répartition du bien-être entre les individus. W est fonction de l'utilité (satisfaction) de chacun des n individus composant la société : $W = W(U_1, U_2, \ldots, U_i, \ldots, U_n)$. Cette fonction opère un classement entre toutes les répartitions possibles, et se traduit graphiquement par des courbes d'indifférence collectives qui ont les mêmes propriétés techniques que les courbes d'indifférence individuelles étudiées au chapitre 1.

Figure 41

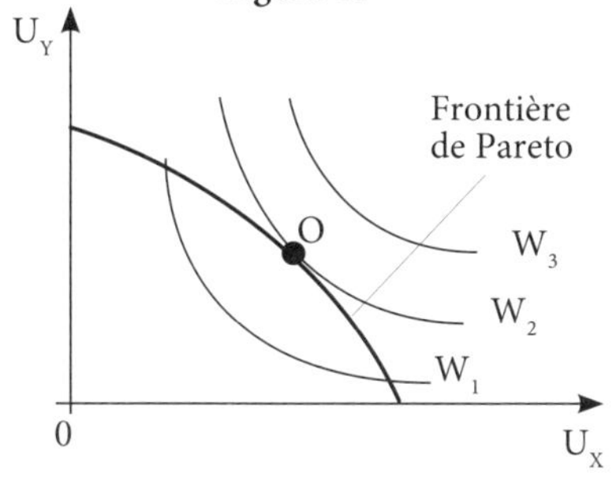

Sur la figure 41, il existe une infinité de courbes d'indifférence collectives du type de W_1, W_2 ou W_3. L'État est censé rechercher le maximum de bien-être collectif. En conséquence, le choix public optimal consiste à sélectionner parmi l'ensemble des solutions efficaces (optimales au sens de Pareto), celle qui maximise W ; c'est-à-dire celle qui permet d'atteindre la courbe d'indifférence collective la plus élevée. La solution optimale est donnée par le point O, point de tangence entre la fonction d'utilité collective et la frontière de Pareto.

Les travaux ultérieurs ont permis de préciser la forme mathématique et le contenu qui doit caractériser une telle fonction, si l'on veut, grâce à elle, classer tous les choix possibles et définir celui qui maximise le bien-être collectif. Tout d'abord, John Harsanyi (1955) énonce un théorème sur la forme de la FBS.

Si l'on retient les hypothèses habituelles de la théorie du consommateur sur les préférences individuelles ; si, en outre, la société est indifférente entre deux choix A et B quand tous les individus sont indifférents entre ces deux choix ; alors la FBS a une forme unique : $W = \sum a_i \,.\, U_i$, où U_i est l'utilité (bien-être) de l'individu i et a_i le poids qui est accordé au bien-être de i dans l'évaluation du bien-être collectif. Autrement dit, la FBS est une moyenne arithmétique pondérée des satisfactions individuelles (c'est également la forme proposée par Bergson et Samuelson).

En ce qui concerne le contenu précis de la FBS, c'est-à-dire les indices retenus pour évaluer les satisfactions individuelles (les U_i), nous retiendrons le théorème essentiel démontré de façon indépendante (en 1976) par M. C. Kemp et Y. K. Ng, d'une part, et R. P. Parks, d'autre part. Ces auteurs montrent que les arguments de la fonction W (les U_i) doivent être soit des ***utilités cardinales*** des individus (et non ordinales), soit des ***quantités mesurables***, soit les ***préférences d'un dictateur***. Autrement dit, une FBS ne peut déterminer des choix publics cohérents et non dictatoriaux que si ces arguments sont mesurables et comparables : ou bien les individus sont capables de quantifier leur satisfaction dans un étalon commun (utilité cardinale), ou bien l'on mesure les satisfactions individuelles

© Hachette Livre – La photocopie non autorisée est un délit.

par des quantités de biens, de services, ou d'autre chose. Nous disposons à présent des éléments essentiels pour mettre en évidence les limites d'une approche en termes de FBS.

2. L'impossible définition d'une fonction de bien-être social

Si la FBS doit être une moyenne pondérée des utilités individuelles, qui va définir le poids attribué à chaque individu, et sur la base de quel critère de justice ? Faute d'une réponse objective à cette question, la théorie économique reste incapable de définir une solution unique et socialement optimale dès l'instant où se pose un problème de répartition du bien-être. Les théorèmes de Kemp, Ng et Parks impliquent par ailleurs que le contenu théoriquement nécessaire de la FBS est soit impossible, soit inacceptable. Une FBS démocratique est impossible si elle suppose des individus capables de donner une valeur chiffrée à leur niveau de bien-être. Elle est inacceptable si elle ne tient compte que d'éléments quantitatifs : le bien-être individuel ne dépend pas que de l'accumulation de biens ou de services quantifiables. Mais s'il est impossible de mesurer et de comparer le bien-être des individus, aucun calcul ne permet d'effectuer un quelconque arbitrage et de déterminer des solutions aux problèmes de répartition. Seule la fonction de préférence d'un dictateur permet de trancher, et de déboucher sur des choix publics cohérents. Mais cette solution est également inacceptable.

Ainsi, la piste ouverte par Bergson et Samuelson a le mérite d'attirer l'attention sur la nécessité d'introduire des jugements de valeur collectifs sur la répartition. Mais elle ne résout en rien le problème de l'indétermination théorique de l'optimum social. Des choix purement politiques sont nécessaires, et ces choix ne peuvent être guidés par le seul critère de l'efficacité (critère de Pareto) ni par aucune définition de l'optimum social.

C– Les théorèmes d'impossibilité de Arrow et de Sen

À la suite de John Kenneth Arrow, une série de travaux ont élargi le problème des choix collectifs en adoptant une approche axiomatique et normative. On définit un certain nombre de postulats qui seraient unanimement reconnus comme les normes minimum qu'une procédure de choix collectif doit respecter. On recherche ensuite par un raisonnement mathématique s'il existe des règles de choix collectif qui respectent chacun de ces postulats. Cela revient à se demander si les normes minimum que s'impose la société sont logiquement compatibles, et dans quelles conditions elles le sont.

1. Les cinq postulats de Arrow

▶ **Postulat 1 : Principe d'unanimité (ou principe de Pareto).** Une solution préférée par tout le monde est toujours adoptée. La procédure de choix collectif écarte donc les solutions qui ne sont pas optimales au sens de Pareto. Les solutions inefficaces devraient être en effet unanimement rejetées puisqu'il est toujours possible de leur substituer un choix qui améliore la satisfaction de tous ou bien améliore le bien-être de certains sans affecter celui des autres.

▶ **Postulat 2 : Absence de dictature.** Aucun individu ni aucun groupe d'individus ne peut imposer ses préférences à la collectivité.

▶ **Postulat 3 : Transitivité des choix collectifs.** Si la société estime que A > B et B > C, alors elle estime aussi que A > C. Autrement dit, la procédure de choix collectif doit éviter le ***paradoxe de Condorcet*** (ou encore effet de Condorcet) énoncé en 1785 : des préférences individuelles transitives peuvent engendrer des choix collectifs non transitifs, si l'on décide par vote à la majorité. Imaginons, par exemple, trois électeurs qui se prononcent sur trois possibilités A, B, C, et qui ont les préférences suivantes :

1er électeur	2e électeur	3e électeur
A > B > C	B > C > A	C > A > B

Si la procédure de choix consiste à adopter les préférences majoritaires, la société a les préférences suivantes : A > B ; B > C ; C > A. Chacune de ces trois propositions recueille en effet une majorité de deux voix contre une. Dans ce cas, les préférences collectives ne sont pas transitives. Dès lors, les choix collectifs risquent d'être arbitraires et instables. Arbitraires parce que le choix dépend de l'ordre dans lequel les questions sont soumises au vote ; le vrai pouvoir appartient alors à ceux qui définissent l'ordre du jour des choix collectifs, et il y a là un élément de dictature d'un groupe particulier. Instables, parce qu'un choix particulier, une fois retenu, pourra toujours être remis en cause au nom d'une autre préférence qui recueille elle aussi la majorité ; on s'expose à des choix cycliques du type : on détruit une piscine (B) pour installer un stade de football (A), car A > B ; on rase le stade pour construire un club de tennis (C), car C > A ; on reconstruit une piscine à la place des courts de tennis, car B > C, et ainsi de suite.

▶ **Postulat 4 : Non-limitation des choix envisageables.** Aucune question ou proposition n'est *a priori* exclue de la procédure de choix collectif. Il s'agit là d'un postulat de liberté d'expression minimum : toutes les préférences individuelles peuvent être prises en compte dans l'élaboration des choix collectifs.

© Hachette Livre – La photocopie non autorisée est un délit.

▶ **Postulat 5 : Indépendance du choix à l'égard des alternatives non pertinentes.** Cela signifie que le choix de la société entre X et Y ne dépend que de la comparaison entre X et Y, et ne se trouve pas affecté par la prise en compte d'une quelconque proposition Z. En simplifiant son propos à l'extrême, disons que Arrow introduit ce postulat pour éviter que les décisions collectives dépendent de l'étendue des choix envisagés. Dans ce dernier cas en effet, un pouvoir exorbitant est confié à ceux qui définissent le nombre de questions posées et la façon de les poser.

2. Le théorème d'impossibilité de Arrow

Arrow démontre qu'***il n'existe aucune règle de choix collectif qui respecte simultanément l'ensemble des cinq conditions ci-dessus***. Autrement dit, il est impossible d'imaginer des règles de décision démocratiques, qui évitent les choix manifestement inefficaces (principe d'unanimité), et qui assurent la cohérence et la stabilité des choix publics (choix non cycliques).

La force de ce théorème tient à la nature peu contraignante et difficilement contestable de la plupart des normes initiales retenues par Arrow. De la plupart, certes, mais pas de toutes ces normes ; en effet, le dernier postulat est discutable, et a d'ailleurs été vivement critiqué dans la littérature. Il est vrai qu'il paraît peu acceptable de limiter tout choix public à une comparaison entre seulement deux solutions. Hélas, même en abandonnant cette condition contestable, on n'échappe pas à l'impossibilité révélée par Arrow.

3. Le théorème d'impossibilité de Sen

Amartya Sen (en 1970) reprend le problème posé par Arrow en renonçant au cinquième postulat. Selon lui, une règle de choix collectif doit respecter quatre conditions : les trois premières conditions de Arrow (principe d'unanimité ou de Pareto, non dictature, non-limitation *a priori* des choix envisageables), plus une condition de liberté individuelle.

Cette dernière condition s'exprime ainsi : pour chaque individu dans la société, il existe un choix pour lequel ses préférences sont décisives, quelles que soient les préférences du reste de la société. Il s'agit là d'une condition de liberté minimale. Concrètement, elle signifie que chacun peut décider de choses telles que la façon de s'habiller, de se nourrir ou encore de passer ses vacances, etc., sans que la collectivité puisse lui imposer un choix différent.

Sen démontre qu'***aucune procédure de décision collective respectant ces quatre conditions ne permet d'assurer des choix collectifs non cycliques.***

La conséquence pratique de ces théorèmes d'impossibilité est la suivante : des choix publics cohérents et efficaces ne peuvent être déduits directement de l'agrégation des préférences individuelles, et ce, quelle que soit la procédure d'agrégation imaginée.

Des choix publics cohérents nécessitent, d'une manière ou d'une autre, un phénomène de ***pouvoir***, c'est-à-dire la capacité d'un individu (ou d'un groupe d'individus) à imposer ses choix à la collectivité. Ce pouvoir peut être lui-même imposé à la collectivité (dictature) ou bien délégué temporairement par les citoyens à des responsables politiques en situation de libre compétition pour le pouvoir (démocratie).

III. Conclusions

1. L'échec du programme de recherche néoclassique

Les économistes néoclassiques voulaient montrer que :

1°) l'équilibre général existe ;

2°) la concurrence et la flexibilité des prix assurent la réalisation et la stabilité de cet équilibre ;

3°) l'équilibre concurrentiel permet une allocation optimale des ressources.

Au bout du compte, leurs travaux débouchent sur un triple résultat :

- la théorie économique n'a pu établir l'existence d'un équilibre général qu'au prix d'hypothèses manifestement incompatibles avec le fonctionnement réel de l'économie (théorème de Arrow-Debreu) ;
- de toute façon, il a été établi que si l'économie réelle fonctionnait comme dans ce modèle abstrait, elle n'était absolument pas assurée de converger vers un équilibre général (théorème de Sonnenschein-Mantel-Debreu) ;
- enfin, l'analyse théorique de l'optimum débouche sur la nécessité des interventions de l'État. Or, si l'État introduit des distorsions inévitables dans certains secteurs, les conditions qui assurent normalement l'optimum de Pareto ne sont plus optimales même dans les secteurs où l'État est absent.

© Hachette Livre – La photocopie non autorisée est un délit.

2. Le marché n'est pas forcément plus « défaillant » que l'État

Cela dit, quand le marché ne conduit pas à l'optimum de Pareto, cela ne démontre en rien que l'intervention de l'État améliore en soi la performance de l'économie. Cette intervention a des coûts directs pour la collectivité. Chaque problème particulier doit faire l'objet d'une analyse des coûts et des avantages relatifs associés à la régulation (ou la production publique) et à la régulation par le marché.

3. L'utilité du marché vient de son imperfection

L'avantage que présentent certains mécanismes de marché, par rapport à la planification centrale, tient paradoxalement aux imperfections des marchés.

En fait, si toutes les conditions recensées par Arrow-Debreu étaient réunies dans l'économie réelle, un planificateur rassemblant toutes les informations et disposant des moyens de calcul modernes pourrait réaliser l'équilibre que le processus décentralisé de libre fluctuation des prix ne garantit pas. Si, dans l'économie réelle, les expériences de planification centralisée ont été vouées à l'échec, c'est précisément parce que les conditions idéales de Arrow-Debreu sont impossibles et que l'information est imparfaite.

Si, en revanche, les économies de marché ne sombrent pas dans le chaos, c'est que la décentralisation des décisions – et le tâtonnement concret des agents qui corrigent progressivement leur erreurs – permet de tendre vers un équilibre, quand on ne connaît pas cet équilibre. C'est réellement l'impossibilité de définir en théorie, d'une part, ce qu'est l'équilibre idéal, et, d'autre part, la façon de l'atteindre, qui donne l'avantage à un processus décentralisé s'adaptant en permanence aux nouvelles conditions et aux nouvelles informations.

C'est donc ***en pratique*** et non ***dans l'idéal*** que le marché montre éventuellement son utilité. Sans doute égarés par leur approche trop normative, les économistes néoclassiques (à l'exception notable de l'économiste autrichien Hayek, né en 1899) ont entrepris un siècle de recherches pour démontrer la supériorité théorique du marché de « concurrence parfaite ». L'impossibilité où ils se trouvent de faire cette démonstration théorique contraste singulièrement, avec la démonstration pratique qui, de la fin du XIXe à la fin du XXe siècle, conduit progressivement la plupart des nations à adopter les principes de l'économie de marché décentralisée. Puissent-elles ne pas oublier qu'en raison des défaillances mises au jour par ce siècle de recherche, une économie de marché parfaitement libre serait aussi parfaitement inefficace !

Conseils bibliographiques

Deux niveaux de références :

❍ pour l'initiation,

❍❍ pour approfondir.

Objet et méthode de l'analyse économique :

❍ **Flouzat** (D.), **Pondaven** (C.), *Économie contemporaine,* PUF, collection « Thémis » (tome 1), 19e éd. 2004.

❍ **Kahneman** (D.), *Système 1, Système 2. Les deux vitesses de la pensée,* Flammarion, 2012.

❍ **Mouchot** (C.), *Méthodologie économique,* Seuil, 2003.

❍❍ **Lepage** (H.), *Demain le capitalisme,* Hachette, collection « Pluriel », 1978.

Histoire de la pensée économique :

❍ **Albertini** (J.-M.), **Silem** (A.), *Comprendre les théories économiques,* Seuil, 4e éd., 2011.

❍ **Généreux** (J.), *Les vraies lois de l'économie,* Seuil, 2008.

❍❍ **Blaug** (M.), *La pensée économique,* Economica, 1989.

❍❍ **Schumpeter** (J.), *Histoire de l'analyse économique,* 3 vol., Gallimard, 1985.

Théorie microéconomique :

❍ **Begg** (D.), **Fisher** (S.), **Dornbush** (R.), *Microéconomie,* Dunod, 2e éd., 2002.

❍ **Généreux** (J.), *Introduction à l'économie,* Seuil, 4e éd., 2001.

❍ **Keen** (S.), *L'imposture économique,* L'Atelier, 2014.

❍❍ **Luzi** (A.), *Microéconomie : cours et exercices résolus,* collection « Les Fondamentaux », 2006.

❍❍ **Varian** (H. R.), *Introduction à la microéconomie,* De Bœck Université 7e éd., 2011.

Nouvelle théorie du consommateur :

❍ **Lepage** (Henri), *Demain le capitalisme* (op. cit.).

Théorie de l'équilibre général :

❍ **Guerrien** (B.), *La théorie économique néo-classique,* Tomes 1 et 2, collection « Repères », La Découverte, 1999.

❍❍ **Guerrien** (B.), *La théorie néoclassique. Bilan et perspective du modèle d'équilibre général,* Economica, 1989.

❍❍ **Sapir** (J.), *Les trous noirs de la science économique,* Seuil, 2003.

Économie du bien-être et des choix collectifs :

❍ **Généreux** (J.), *Les vraies lois de l'économie* (op. cit.).

❍ **Varian** (H. R.), *Introduction à la microéconomie* (op. cit.).

❍❍ **Mueller** (D. C.), *Analyse des décisions publiques,* Economica, 1982.

Index alphabétique

Nota :
les numéros renvoient aux pages.

AIX-MARSEILLE UNIVERSITÉ
BIBLIOTHÈQUE D'ÉCONOMIE GESTION
19 AVR. 2017
14, avenue Jules Ferry
13621 AIX-EN-PROVENCE CEDEX

PAPIER À BASE DE FIBRES CERTIFIÉES

hachette s'engage pour l'environnement en réduisant l'empreinte carbone de ses livres. Celle de cet exemplaire est de :
500 g éq. CO_2
Rendez-vous sur www.hachette-durable.fr

Imprimé en France par Imprimerie CHIRAT - 42540 Saint-Just-la-Pendue - N° 201607.0014
Dépôt légal : Juillet 2016 - Collection n°10 - Édition 01 - 72/6893/0